A Construção do Poder

—— desde o ——

Campo Popular

Os Anos 70 Na Argentina

Florencia Ferrer

Autoria	Florencia Ferrer
Editoração	Juan Ferrer Meleiro (juan@juanmeleiro.mat.br)
Traduções	Isadora Cavalhieri Corrêa
Capa	Juan Ferrer Meleiro

A Ana María, minha mãe, que foi quem construiu em mim a necessidade de lutar por uma ordem mais justa.

A Juan José, meu pai, exemplo de integridade e superação. Sempre estará no meu coração.

A Cecilia, companheira de tantos desafios, crescimentos e sonhos.

A minha querida Ale, com quem aprendi a amar incondicionalmente.

A Juan Ferrer Meleiro, o melhor que aconteceu na minha vida. Até nos piores momentos, saber que ele existe e é meu filho me deu forças para continuar mantendo como norte da minha vida lutar e construir um mundo melhor e mais justo. Devo a ele as minhas melhores inspirações.

A todos os desaparecidos argentinos, que mostraram para a história que lutar por mudar o mundo está acima de qualquer outra valor, inclusive a própria vida.

Agradeço,

A Emir Sader, pela forma tão cálida com a que opinou e ajudou nesta dissertação. Não posso esquecer de 3 mentores que já não estão entre nós e que foram fundamentais para este trabalho: Juan Carlos Marín pela quantidade de sugestões teóricas e políticas que deram origem a grande parte de minhas perguntas; Inés Izaguirre por ter criado sempre espaços para aprender e discutir com um carinho sempre estimulante; Lucia Helena Correa, pela paciência interminável na correção e na tradução deste trabalho.

Ao Prof. Sedi Hirano por ter colaborado solidariamente, salvando os obstáculos burocráticos que permitiram meu ingresso ao PROLAM-USP, nos meus primeiros meses no Brasil.

Ao CNPq por haver outorgado a bolsa que permitiu minha dedicação ao mestrado.

A Carlos Meleiro, motivo de ter me mudado para o Brasil e companheiro de 27 anos de minha vida.

Agradeço especialmente a Isadora Cavalhieri Corrêa, que colaborou com as traduções das citações, originalmente em espanhol, já que toda a minha bibliografia para este texto estava nessa língua.

A Juan, não tenho palavras para mencionar os meus agradecimentos. Este livro, que poderia continuar esquecido dentro de um computador, foi obra principalmente de seu envolvimento e dedicação. Se há formas de amor que não se expressam em palavras, esta é uma delas. O texto, que estava em um formato jurássico de Word, foi transformado neste belo produto do qual ele é editor. Também me presenteou com a capa, fruto de longas discussões. Essa foto foi tirada e editada por ele, em uma de nossas viagens a Buenos Aires.

Sumário

II Volume II

Lista de Tabelas

Prefácio da Autora

VIVI A METADE DA MINHA VIDA na Argentina e a outra metade no Brasil. Quando me preguntam de onde sou respondo sem pensar, brasileira e argentina. Nunca consigo responder com uma das duas nacionalidades. Tenho as duas essências, os dois países formam minha identidade, já não distingo quais traços culturais vem de um ou de outro. Amo os dois. E claro, odeio alguns aspectos.

Esse pensar diferente me faz sempre estar em conexão com as minhas duas culturas, buscando complementações, distâncias, aproximações, dissidências.

A América Latina Hispânica tem uma cultura comum, fruto de vários processos. Provavelmente o principal deles a herança espanhola, mas não é o único.

Nas grades escolares fazem parte literatura, história e geografia dos outros países. Música, literatura, processos históricos cruzam fronteiras com muita facilidade. Mercedes Sosa, Luis Miguel, Maná, Juanes, Shakira são nascidos na Argentina, México e Colômbia mas todos eles são locais nos outros países.

Algo parecido acontece com a cultura brasileira: os Paralamas do Sucesso são queridos e tidos pelos argentinos como o maior grupo argentino que canta em português. Autores como José Mauro de Vasconcelos vêm sendo lidos desde os anos 70, nas escolas públicas. Por isso resulta estranho entender porque no Brasil se conhece pouco ou nada da cultura, história e geografia do resto da América Latina.

Em relação a este processo há uma pergunta frequente que os latino- americanos de origem espanhola se fazem: por que a cultura brasileira está tão presente na América Latina e a latino-americana está tão ausente no Brasil? A resposta de muitos é a que surge da incompreensão: Brasil ou os brasileiros são demasiados pedantes para olhar além de si mesmos.

Não concordo com esta visão. Nós, brasileiros, temos um país continental, com grandes diversidades culturais, ainda maiores das que acontecem entre diferentes países da América Latina. Uruguai e Argentina são mais parecidos entre sim que Acre e Rio Grande do Sul. Nicarágua, Honduras e Costa Rica se parecem mais que Paraná, Pernambuco e Amazonas. Isto faz com que o *permanente esforço em nos conhecer nos foque em nós mesmos.* Forró, axé, Bossa Nova, MPB e música sertaneja são tão diferentes entre sim que parecem ter saído de culturas diferentes, e de fato o são. Conheço 25 dos 27 estados brasileiros, e me fascino ainda com esta diversidade, que vai desde a pronúncia da língua, expressões, referências históricas, culinárias. Na América Latina temos estas diferenças entre países, mas fora exceções como México e Argentina, o resto é relativamente homogêneo.

Falando de negócios, vivo como empresária o desafio que supõe decidir exportar. Claro, isto depende do setor, mas para as empresas que vendemos serviços ou para muitas que vendem produtos com grande valor agregado é muito difícil dar este passo. Com o gigantesco mercado que temos nas mãos, e que ainda cresce e tem potencial de se transformar qualitativa e quantitativamente, para que tentar ocupar novos mercados?

Estes e outros processos fazem com que olhemos para nós mesmos, ainda nos descobrindo nas diferentes brasilidades. Cada viagem dentro do Brasil é uma descoberta de um novo território geográfico, social, politico e até econômico.

A Argentina também é um país com diversidades, mas (e aqui sai minha portenhice à tona) como Buenos Aires concentra 60% da população e da riqueza, é relativamente mais rápido circular pela diversidade cultural do país. Também estamos desde sempre acostumados aos fortes impactos da imigração. Argentina foi o país com maior impacto proporcional de imigração sobre a população nativa, nos 1800. Depois, e até nossos dias, recebemos numerosa imigração latino-americana, absorvemos o desemprego de vários países vizinhos. Olhamos para fora por necessidade, tradição e cultura.

O Brasil também sempre esteve presente na cultura argentina. Quando pequena meu autor preferido era José Mauro de Vasconcelos. Li sua obra completa e dezenas de vezes *Meu Pé de Laranja Lima.* Na feira do livro de Buenos Aires, nos meus doze anos, entreguei a ele uma das poesias que escrevi naquele momento. Já falava do camponês explorado, já estava presente a Florencia de sempre. Por sorte não me dediquei a desenvolver minha veia literária (por certo, fraquíssima), porque não tinha nada de literário e sim de militante em formação.

Uma das músicas que mais me lembro da minha infância é *Cálice*, de Chico Buarque, que minha mãe fazia tocar repetidamente em casa. Em toda festa importante há um espaço chamado "Carnaval Carioca" durante o qual se ouve Jorge bem Jor e outros. A presença do Brasil na América Latina é indiscutível. Na Argentina, ainda mais. Música e livros brasileiros estão em todas as livrarias.

Mas, quantos autores ou cantores argentinos conhecemos no Brasil? Poucos, pouquíssimos. Quanto conhecemos da história argentina? Nada, quase nada. Por esse motivo, depois de tantos anos de escrito, mas oculto no meu computador e no Banco de Teses da Universidade de São Paulo (usp), decido publicar este livro.

Quando comecei meu mestrado no Programa de Pós-Graduação em Integração da América Latina (prolam), da usp, tive como primeira intenção fazer um estudo comparativo entre Brasil-Argentina sobre os conflitos sociais e políticos dos anos 1970 e uma se suas terríveis consequências: os desaparecidos.

Percebi, para minha desilusão, que estes processos eram demasiado diferentes para serem comparados. No Brasil tivemos 350 desaparecidos, na Argentina 30 mil. Mas não são os números que demonstram a diferença dos processos. Na Argentina, a grande maioria dos 30 mil não era de militantes armados, era sim o suporte social para sua existência. Os militantes armados foram aniquilados somente quando se destruiu o suporte social do processo.

Já no Brasil a quase totalidade dos desaparecidos era de militantes armados, ou seja, *não tinham proteção social, já estavam isolados política e socialmente*, o que permitiu seu ataque direto. A Argentina estava num momento de guerra civil na qual praticamente a metade da população apoiava a luta armada. A entrada de Che na Bolívia foi para organizar a Bolívia ou para colaborar com parte do processo de luta de sua nativa Argentina? Tudo indica que era para fortalecer os fantásticos movimentos sociais que já dominavam o país inteiro. Pouco tempo depois viveríamos o Tucumanazo, o Rosariazo, o Cordobazo, já mostrando claramente uma correlação de forças em favor do campo popular.

Decidi manter o texto o mais próximo de sua forma original, com os conceitos que defendia no momento. Acredito que meus dez anos estudando Marx, de quem li a obra completa, ainda tem rastos em mim. Mas, como passei meus últimos vinte anos de atividade profissional orientando, ajudando e construindo a transformação da gestão publica, não consigo continuar pensando o estado e a política como reflexo da economia. O marxismo, que era minha principal referencia em 1992, já não me serve para orientar o que faço, nem para moldar minhas reflexões. O papel das instituições e diferente do que via no momento. Hoje acredito que a estrutura do Estado não reflete somente a luta de classes, mas também reflete e comporta muitos outros processos.

A Economia Digital e a transformação do governo foram os temas abordados na maior parte dos meus últimos livros e artigos. Pelas escolhas profissionais que fui fazendo, a maior parte de minhas produções retrataram os projetos de consultoria que realizei.

Esta obra é um compromisso com a retomada de reflexões mais teóricas, históricas e politicas.

Por último, espero que este trabalho coloque um grãozinho de areia na tarefa de aproximar as minhas duas identidades de origem, e ajude aos meus leitores brasileiros a entender um pouco mais da cultura e história argentinas.

VOLUME I

Capítulo 1

Introdução

Esta pesquisa tem como um de seus objetivos centrais contribuir para o esforço coletivo de refletir, compreender, explicar a derrota moral e política sofrida pelo campo popular na Argentina dos anos 70.

A questão central, que orienta este trabalho, é saber como foi possível a brutal mudança nas relações de poder, produção e propriedade, que se verificou naquele período.

Em 1975, o sistema produtivo ainda estava intacto. A dívida externa girava em torno de nove bilhões de dólares. A capacidade ociosa nos diversos segmentos industriais não excedia os 30%. Os chamados bolsões de pobreza não tinham se disseminado de forma generalizada.

Uma política tradicional de ajuste teria sido suficiente para recuperar o deficitário nível das reservas monetárias.

Então, por que caiu Isabel Perón, em 1976?

Por que, entre 1976 e 1982 — segundo o último censo publicado pelo Instituto Nacional de Estatísticas e Censos (INDEC)[1] —, a classe operária industrial viu reduzida sua importância no aparato produtivo em 300 000 postos de trabalho, o que implicou uma perda de 20%?

Essa queda acompanhou-se de uma redução do salário, em valores reais e constantes, que oscilou, dependendo da área, de 40% a 60%, comparativamente a 1974. A redução, em espaço tão curto de tempo, jamais se observou antes na

---

1. Ligado ao Ministério de Economia.

história recente da política nacional. Para encontrar-se um período de salário tão arrochado é preciso retroceder até 1930–1933, ou seja, as piores condições de que se têm registros estatísticos.

Não se trata, simplesmente, de um aumento da mais-valia absoluta e relativa. O produto bruto industrial per capita, que, de 1940 a 1975, crescera ininterruptamente, desceu aos patamares verificados apenas em 1970.

O nível de deterioração do consumo popular somou-se a um processo de reconversão industrial, caracterizado pela reestruturação do processo produtivo, e a uma concentração econômico-financeira sem precedentes na história argentina (em alguns segmentos, a concentração mostra-se maior que nos países desenvolvidos de economia capitalista).

Se a isso se soma o fato de que a gestão econômica de J. A. Martinez de Hoz[2] resultou na mais formidável acumulação de capital já vivida pelas classes dominantes (a dívida externa é basicamente capital acumulado transferido maciçamente ao exterior), pode-se concluir que, em termos estritamente econômicos (unidades de produção, horas/homem trabalhadas, unidades de capital por assalariado, número de assalariados), a classe operária retrocedeu frente às classes dominantes.

Em resumo, do confronto entre burguesia e proletariado, no período 1969–1982, a burguesia saiu vencedora absoluta.

Horowicz registra:

> A partir uma perspectiva estritamente social comprova-se também que as desvantagens econômicas constoem o iceberg de uma catástrofe política: *a desmobilização e o desbande do campo popular.* (A. Horowicz 1990)

A partir do "Processo de Reorganização Nacional", tal como se autoentitulou a ditadura, o tipo, caráter e forma de manifestação das relações sociais estará diretamente associada à nova fase por que passou o desenvolvimento do capitalismo na Argentina e que, em última análise, determinou a configuração da estrutura social. Nessa fase, observa-se uma profunda modificação nas complexas relações de produção e, em consequência, no conjunto das relações que constituem as classes e as forças sociais.

O golpe de 76 realizou[3] um poder acumulado por setores da burguesia que detinham o controle do capital financeiro e de grandes grupos econômicos e que

2. Ministro da economia do primeiro período do Processo de Reorganização Nacional
3. É um uso foucaultiano: o poder se realiza, se exerce.

tomaram a iniciativa de subordinar e desarmar as demais frações representativas de sua própria classe social, até então hegemônicas.

O capital financeiro surge como protagonista de um processo no qual o conjunto da burguesia viu seu domínio como classe ameaçado. O resultado da luta foi a derrota material e moral de quem expressava a polarização neste enfrentamento.

O elevado grau de desenvolvimento das forças produtivas na Argentina está expresso, entre outros indicadores, no alto índice de produtividade, elevado grau de concentração e centralização industrial. Para que esses fatores se verificassem foi preciso forjar as necessárias condições sociais.

Sem a derrota, sem o desarmamento teórico, político e militar dos setores populares não se criariam as condições de existência e reprodução do modelo econômico conduzido pelo capital financeiro e os *Grupos Econômicos*[4] após a vitória da ditadura de 1976.

Por isso, sustentamos que o golpe de 1976 apresenta características bastante diferentes das anteriores, já que não se baseou na necessidade de prosseguir intervindo no sistema político, detendo o avanço do peronismo, mas sim de agir sobre a estrutura social, desmontando as bases, sociais e materiais, sobre as quais se ergueu o populismo na Argentina e a própria aliança de classes que o definia.

A destruição do modelo econômico baseado na política de substituição de importações levou a uma sensível redução da capacidade industrial instalada — de 15% no caso das grandes empresas e de 18% entre as de pequeno e médio portes. Mas também se verificou uma redução de 20% no contingente de mão de obra empregada.

Nos setores da burguesia o enfrentamento seguiu diferentes táticas. De um lado, incentivou-se, crescentemente, a exportação de produtos agro-pecuários e seus derivados; de outro, promoveu-se a unificação cambial e a supervalorização do peso, o que favoreceu a evasão de parte das divisas obtidas com as exportações, em benefício dos segmentos controlados pelo capital financeiro.

Simultaneamente, implantou-se uma política pela qual se retirou incentivos e proteções à indústria local, forçando as empresas argentinas, despreparadas, de um momento para outro, a competirem com as de capital estrangeiro, detentoras de tecnologias mais avançadas.

Essas medidas econômicas, impostas num país ocupado e dominado pelas forças militares, provocaram a quebra de um grande número de empresas, gran-

---

4. Entendemos por Grupo Econômico um conjunto articulado de empresas, que têm uma só direção, desenvolvendo sua atividade em vários setores econômicos. Como sua direção opera centralmente no país, consideramos que são atores nacionais.

des, médias e pequenas, que, até então, participavam do processo de articulação do modelo populista (fundamentalmente, as que compunham a "pátria metalúrgica").

Por isso, o *genocídio* constituiu a base da política de desarmamento.

Mas o que vem a ser desarmamento moral? Na definição de Inés Izaguirre é a "convicção da derrota e a imposibilidade de reverte-la", pois "se quebra a dimensão da força; as rupturas dos laços que vinculavam às diferentes partes se consideram mais ou menos permanentes" e com isso se perde a conciência de conjunto (Izaguirre s.d., pag. 7 e 8).

Acreditamos que essa certeza de derrota, essa quebra na noção de pertencer a uma aliança que luta conjuntamente, está relacionada à forma como se produziu a maior parte das baixas nos setores populares: o sequestro dos corpos.[5]

No campo popular, 78% das baixas, no período 1973–1983, dizem respeito a prisões, sendo que metade dos capturados permanece desaparecida.

Por que os desaparecidos? Por que esse tipo de baixa? Se nos perguntarmos quais eram, na Argentina, as relações sociais que tinham a capacidade de transformar certo campo material nas armas necessárias a um determinado enfrentamento, concluiremos que fundamentalmente são aquelas que os corpos aniquilados portavam.

Consideramos que a luta de classes assumiu a forma de "aniquilamento" em seu momento político-militar, uma vez que o objetivo do regime era destruir a força social capaz de ameaçar a hegemonia que se vinha construindo paralelamente ao processo de enfrentamento, a partir do qual se fortaleciam os setores populares. O regime tenta destruir um território social não burguês onde, lentamente, se iam estabelecendo relações sociais não competitivas, solidárias; enfim, formas autônomas de organização.

---

5. Tomamos o conceito "corpo", fundamentalmente de Foucault. Em *Vigiar e Punir*, assinala:

> O corpo está também diretamente imerso em um campo político; as relações de poder operam sobre ele, uma presa imediata; o cercam, o marcam, o domam, o *submetem* a suplicio, o forçam a uns trabalhos, o obrigam a umas cerimônias, exigem dele uns signos. Este cerco político do corpo vai unido, de acordo com umas relações complexas e recíprocas, à utilização econômica do corpo; o corpo, em uma boa parte está imbuido de relações de poder e de dominação, como força de produção; mas por outro lado, sua constituição como força de trabalho somente é possivel se se encontra preso a um sistema de fixação no qual esta condição é também um instrumento político cuidadosamente disposto, explicitado, calculado e utiliziado. O corpo somente se converte em força util quando é, ao mesmo tempo, corpo produtivo e corpo submentido. (Foucault 1985, p. 32–33)

A partir dessas lutas, a classe operária inicia uma linha de fuga do território construído pela burguesia, num processo de desterritorialização e reterritorialização, em um mapa de relações sociais não compreendidas na lógica do mercado capitalista.

Essas relações sociais são o objeto do aniquilamento, já que o regime define como ação subversiva toda aquela que tenta adotar um signo não capitalista, sem estar essa avaliação restrita apenas às ações que envolvem as organizações *político-militares*.

Segundo um dos principais quadros políticos das Forças militares argentinas:

> A subversão é toda ação clandestina ou aberta insidiosaou violenta que busca a alteração ou a destruição dos critérios morais e a forma de vida de um povo com a finalidade de tomar o poder e impor desde ele uma nova forma *baseada em uma escala de valores diferentes*. É uma forma de reação de essencia político-administrativa *dirigida a vulnerar a ordem político-administrativa existente*; que se apoia na exploração de suas insatisfações reais ou figuradas, de ordem político, social e económico. (General Roberto Viola 1977)

A partir das denúncias feitas à Comision Nacional sobre la Desaparicion de Personas (CONADEP)[6], sabemos que tanto o movimento operário (em especial a personificação do delegado de base) como o movimento estudantil foram objeto específico do aniquilamento levado adiante pelas forças regulares e irregulares do regime.

Se olharmos essa força social de enfrentamento que tomou a iniciativa na luta de classes a partir de 1969, observamos que está composta por corpos, corpos humanos nos quais reside a dimensão e o espaço do poder.

O que se encobre é que esses corpos são, fundamentalmente, força material, que tem — ou não — a capacidade de construir o âmbito do poder.

Na guerra entre Estados-Nação busca-se produzir baixas humanas, baixas nas armas e, ainda, destruir a base de reprodução da força inimiga: sua infraestrutura material (centrais hidrelétricas, fábricas e assentamentos populacionais).

Se a guerra é a forma que assume a luta de classes, implicando confrontação de territorialidades, o que se disputa é diferente. Para destruir sua força material

---

6. Criada por iniciativa do então Presidente da República Argentina, Dr. Raul Alfonsín. Esta comissão estava integrada por membros da sociedade civil, sendo dirigida pelo escritor Ernesto Sábato. Seu objetivo foi investigar e não julgar. A partir de seu trabalho, se iniciou o Juizo às Juntas Militares, produto do qual se deu prisão perpétua aos Comandantes do Processo de Reorganização Nacional, sentença revogada por Carlos Menem, que outorgou indulto aos culpados.

deve-se destruir sua força moral e aqueles que a constroem.

As baixas humanas podem assumir três formas fundamentais: mortos, feridos e prisioneiros. O morto põe em crise uma parte das relações sociais que carrega; porém, não destrói outras.

O ferido e o prisioneiro "legal" põem em crise somente algumas das relações sociais que carregam; porém, seguem articulando outras.

A desaparição "retira" de seu contexto um corpo e o conjunto das relações sociais que o definem. *Desaparecem relações sociais* que articulavam frações, que davam força material à força social de caráter popular.

Essas afirmações ganham mais sentido se analisamos a distribuição social dos desaparecidos. Eles se distribuem por todo o corpo social, expressando uma força social, aliança de diferentes frações (os quadros estatísticos estão no Capítulo 8).

Destruir a força material do campo popular, a "infraestrutura" que garantia a reprodução e ampliação da luta, era destruir e aniquilar as relações sociais que davam forma a essa territorialidade que avançava.

Capítulo 2

Uma breve resenha histórica

Uma caracterização da classe dominante argentina

Neste capítulo, pretendemos demarcar os principais enfrentamentos que constituíram as linhas de corte de uma luta de classes no período estudado — décadas de 60 e 70. Para isso, trabalharemos as características essenciais na construção da classe dominante argentina e os aspectos centrais da luta Inter burguesa, até a construção do peronismo.

O mercado mundial não é somente um espaço de intercâmbio, mas sim uma realidade articulada. Os países são parte de uma economia mundial, na qual os movimentos de capital indicam uma tendência à fixação da taxa de lucro nos diferentes territórios.

Esse processo se amplia com a generalização do modo de produção capitalista e a transformação e construção das personificações que lhe são peculiares.

Nesse sentido, a construção do Estado Nacional argentino esteve estreitamente vinculada às condições de formação do mercado mundial. As condições naturais da região *pampa húmeda* permitiram à classe dominante uma grande economia de esforços para reacomodar-se frente às mudanças em termos de demanda ou de ganhos. Nessas condições, a classe dominante argentina apresenta um comportamento flexível, realizando poucos investimentos de capital fixo, ao que se deve uma grande mobilidade na colocação do capital.

Na época da independência, o comércio era a atividade econômica predominante. Ao compasso dela é que se formou a classe dominante argentina.

Em um território praticamente despovoado, em que a maior parte das terras estava em mãos de comunidades indígenas, a exportação, primeiro de couro e depois de charque, constituíram as formas iniciais mais simples de inserção no mercado mundial.

Essas atividades se assemelham mais a economia de extração que de produção, já que se reduzem ao aproveitamento dos recursos naturais, sem agregar valor nem elaborar processos necessários à criação de um produto final.

A abundância das terras e a presença do gado cimarrón supriram a escassez inicial de capital. A grande mobilidade do gado compensou, ainda, a deficiência da infraestrutura de transportes. A baixa disponibilidade de mão de obra também não impediu o desenvolvimento desse tipo de atividade, onde o gaúcho, com seu caráter nômade, se destaca como a força de trabalho ideal.

Até 1840 se introduz a produção de ovelhas em Buenos Aires, o que trouxe à província a possibilidade de entrar no mercado internacional de lãs. Porém, considerando que o mercado de couro e charque encontrava-se em plena expansão, qual teria sido o motivo dessa mudança de rumo? Sem dúvida, a maior rentabilidade que a produção de lã oferecia naquele momento.

Em 1860, a exploração do gado bovino, limitada à extração de couro e produção de charque — alimento para escravos —, rendia menos que criar ovelhas. Eis a razão pela qual surge a iniciativa de desenvolver um sistema de conservação da carne bovina fresca, que, não encarecendo por demais o produto, permitisse abastecer os mercados europeus. Assim nasce a incipiente indústria frigorífica, articulada com a produção ovina.

Em 1870 caíram os preços internacionais da lã, razão pela qual se começa a criar ovinos com mais carne e menos lã (processo conhecido como desmerinização). Uma fração da burguesia começa a defender a necessidade de industrializar primariamente a lã, a fim de valorizar o produto. Mas essas propostas duram pouco. Uma vez que o preço da lã se recupera, seis anos depois, as pretensões industriais desaparecem.

Em 1890, o gado ovino é substituído pelo bovino refinado, combinado com a cultura cerealista (primeiro se desenvolve a exportação de gado em pé, que logo dá lugar ao frigorífico).

A partir do exposto, acreditamos que o conceito de classe dominante, apesar de sempre ter estado ligado à produção agropecuária, não se pode sintetizar na caricatura do conceito *oligarquia terratenente*, aceito por muitos.

A classe dominante argentina, desde a sua constituição, comporta-se como um empresariado que coloca o capital onde se possa obter a maior taxa de lucro em cada momento. As rápidas mudanças que se produzem na estrutura produtiva do país implicam e produzem uma menor composição de capital fixo com relação ao variável, o que representa uma das características básicas do sistema.

Embora esse empresariado se aproprie de grandes extensões de terra, isso não o transforma automaticamente em produtor, a despeito de as nomenclaturas terratenentes e produtores serem considerados sinônimos, segundo algumas correntes políticas.

Jorge Sábato observa:

> Ao se privilegiar a disponibilidade de capital líquido sobre o capital fixo, o que se produziu no passado se canaliza somente em pequena medida sob sua forma produtiva o que limita seu papel como multiplicador da capacidade de produção presente, o desenvolvimento da capacidade produtiva de uma sociedade se atrasa e a organização capitalista não consegue se desenvolver em profundidade. Obviamente, isto significa fazer depender fortemente a dinamica de todo o sistema de impulsos externos, vinculando sua sorte a eles. [...] A frustração de um desenvolvimento capitalista autónomo, acorde com os recursos disponiveis na Argentina, afetou ao conjunto do país, mas, dentro do mesmo, prejudicou comparativamente pouco à classe dominante: por sua versatilidade, por ter a sua disposição uma importante massa de capital facilmente deslocavel, esta classe ficou muito menos amarrada ao estancamento da economía nacional. Graças a essas caraterísticas, ela podía realizar investimentos em setores não produtivos, ou alternativamente, em outros países. (Sabato 1988, p. 142)

Na opinião de Sábato, a classe dominante argentina tem como outra de suas características fundamentais uma grande homogeneidade, determinada, entre outras coisas, pela grande diversificação de suas atividades, não se mantendo alheia, tampouco, ao primeiro processo de substituição de importações.

> O elemento que, a nosso criterio, teve finalmente uma influencia decisiva para marcar o singular curso seguido pela Argentina foi de índole interna, social e económica ao mesmo tempo. Socialmente se deu na forma como se conformou a sua burguesia e em especial,

> na homogeneidade e concentração de riqueza no Estado dominante
> que se definiu em seu seno. Economicamente, derivou do predomi-
> nio dado à disponibilidade do dinheiro frente ao uso do capital con
> fins produtivos. (Sabato 1988, p. 142)

Concordamos com Sábato quanto a classificar a classe dominante argentina como um empresariado ágil, atento às mudanças do mercado mundial, e que orienta seu capital segundo as possibilidades de maior valorização. Isso nos faz refutar a imagem de uma "oligarquia terratenente" ineficiente, parasitária, que não se preocupa com a reprodução e valorização de seu capital. Entretanto, não estamos de acordo com a idéia de homogeneidade que o autor sustenta quando se refere à classe dominante argentina.

Embora o núcleo central dessa classe dominante apresente características comuns, existem diversas frações que se diferenciam notoriamente, em termos de projeto, identidade, estratégia econômica e política.

A idéia de homogeneidade não nos permite ver que, na realidade, há fortes enfrentamentos dentro da burguesia argentina. No final do século passado, a classe dominante já se mostrava dividida:

- A mais tradicional, que centra sua atividade na produção de cereais e carne para o mercado interno, em uma aliança com os capitais ingleses, sem qualquer interesse em modificar a estrutura agroexportadora, e

- A mais moderna, que não só se dedica à agropecuária, mas também atua nos setores comercial e de serviços, orientando uma parte de sua renda diferencial para o processo de urbanização. Essa fração defende a necessidade de introduzir transformações substanciais, industrializando o setor agropecuário, bem como a nova presença dos Estados Unidos na agropecuária, como provedor de manufaturas, e também na produção industrial.

Quando, na década de 20, o modelo agroexportador começa a exaurir-se, os investimentos estrangeiros tendem a estabilizar-se, alcançando, em certos segmentos, como o ferroviário, seu ponto máximo. As tensões internas do sistema já se acentuaram.

A crise dos anos 30 imprime impulso extra ao processo de industrialização. Entre 1935 e 1945, a produção industrial apresentou um crescimento anual acumulativo de 8% (Khavisse, Azpiazu e Basualdo 1986, p. 16), superando, pela primeira vez, o produto bruto industrial ao produto bruto agropecuário.

Tabela 2.1: Processo de industrialização da década de 30[1]

Produto	Toneladas produzidas		Toneladas importadas	
	1929	1939	1929	1939
Óleo comestível	19 000	85 000	39 000	9 300
Cimento	260 000	1 130 000	430 000	20 000
Pneu		9 319	9 110	1 425

A crise mundial trouxe como consequência a queda dos preços dos produtos agrícolas, estancando o crescimento quantitativo da produção rural. Essa queda de preços, somada às dificuldades conjunturais determinadas pela Primeira Guerra Mundial, inspira a política de substituição de importações, pela qual se canaliza para a produção industrial parte dos capitais estrangeiros antes dirigidos à produção agropecuária. A estrutura industrial, até então constituída de poucas e grandes fábricas que orientavam sua produção para o mercado externo, começa a diversificar-se, orientando-se para o mercado interno.

Alguns números podem ilustrar o que temos afirmado. Tomando o caso dos óleos comestíveis, observamos que, se em 1929 a Argentina importava 39 000 toneladas e produzia apenas 19 000, em 1939 a importação havia caído para 9 300 toneladas, enquanto a produção nacional chegava a 85 000 mil toneladas.

Em 1930, importaram-se 430 000 toneladas de cimento, enquanto no país se produziam apenas 260 000. Em 1939, a importação havia caído para 20 000 toneladas e a produção argentina havia chegado a 1 130 000 toneladas. O desenvolvimento da indústria nacional de pneus apresentava cifras semelhantes. A Argentina importava 9 110 toneladas em artigos de borracha, enquanto a produção nacional, de acordo com as estatísticas, inexistia. Em 1938, a importação de artigos de borracha havia caído para 1 425 toneladas, ao mesmo tempo em que a produção nacional era de 9 319 toneladas.

Apesar de que o setor mais tradicional da burguesia haver retomado o poder do Estado após a queda de Irigoyen, na figura de Justo como presidente, durante a chamada "Década Infame", não foi possível ao novo governo praticar uma política de câmbio livre: as circunstâncias mundiais o impediam.

As transformações que se vinham operando ocorriam indiferentes à sua vontade e decisão políticas. Como resposta a essa conjuntura surge, por iniciativa

---

1. Datos extraídos de Murmis e Portantiero (1987, p. 12 a 18)

das frações mais inovadoras da burguesia, um projeto "industrialista exportador", que tem sua síntese no Plano Pinedo, de 1940.

Khavisse registra:

> O "Plan Pinedo" propunha que o Estado adquirisse os exedentes agrícolas que não conseguiram ser vendidos no mercado externo e ao mesmo tempo estimulara a produção industrial exportavel e sua constituição. (Khavisse, Azpiazu e Basualdo 1986, p. 30 e 31)

O plano em termos de busca de alianças ou pelo menos de conciliação de interesses com os setores exclussivamente agroexprotadores, além de da-lhes um papel subalterno à industrialización, oferecia os recursos públicos para aquirir os execentes agrícolas e se comprometia à não afetar as importações dos países que compravam estes bens.

Ao novo capital estrangeiro industrial, especialmente norteamericano, lhe otorgaba a posibilidade de expandi-se sobre a base do mercado externo compartindo os beneficios derivados da redistribuição de recursos que efetuaba o Estado para fomentar essa industrialização exportadora.

Por outra parte, o plano também continha elementos compativeis com os interesses dos setores socialmente subordinados ao impulsionar a industrialização e a ocupação mas não o salario real.

Os principais beneficiados seriam os grupos econômicos diversificados e seus aliados, o capital estrangeiro industrial, que começava a investir em diferentes áreas. Porém, incapaz de conciliar seus objetivos com interesses das frações mais conservadoras da oligarquia, o plano fracassa, ou melhor dizendo, sai derrotado.

Graças à sua "superioridade política", as frações mais reacionárias da burguesia, ao eliminar a única possibilidade de saída do modelo agroexportador, aprofundam a crise que afeta o conjunto da classe dominante. Com essa atitude, perdem a chance de passar à condução de um processo inevitável: a substituição das importações, e a consequente industrialização.

A industrialização também implica profundas modificações na estrutura social. A despeito de, nos primeiros anos da Década Infame, a massa de desocupados ser considerável, o desenvolvimento industrial ocorreu em escala suficiente para absorvê-la, paulatinamente. A criação de novas fábricas, ao mesmo tempo em que se estancava a entrada de mão-de-obra estrangeira no país, via controle do processo imigratório, permite à indústria incorporar a força de trabalho procedente das zonas rurais. A crise agrária gera, em número cada vez maior, diaristas e bóias-frias, que se deslocam para a capital federal, em busca de trabalho, ofere-

Tabela 2.2: Incorporação da força de trabalho à indústria[2]

Ano	Quantidade de operários incorporados
1931	30 000
1932	40 000
1933	30 000
1934	20 000
1935	30 000

Tabela 2.3: Desemprego[3]

Ano	Quantidade De Desempregados
1932	334 000
1935	89 000
1936	44 704

cido pelas novas unidades fabris. A composição da classe trabalhadora começa a se modificar.

Em 1931, ingressam na indústria 30 000 novos trabalhadores; em 1931, 40 000; em 1933, 30 000; em 1934, 20 000; e, em 1935, outros 30 000. Em cinco anos, a indústria argentina incorporou, no total, 150 000 trabalhadores saídos dos campos. Em 1932, o índice de desemprego no país já era o mais baixo, numa situação que se consolidaria em 1935, quando o número de desocupados caiu para 89 000, em 1936, finalmente, reduzidos a 44 704.

O processo de crescimento industrial encontra um exemplo interessante na indústria têxtil. Em 1932, o número de empregados absorvidos por esse segmento chegava a 37 000, saltando para 63 000 em 1939.

Angel Perelman cita o adido comercial da Embaixada Britânica em Buenos Aires, que dizia, em um informe enviado a seu governo, em 1935:

> O aumento geral dos direitos aduaneiros que teve lugar em 1931, a proteção um pouco mais considerável realizada pela repentina desvalorização do peso argentino em 1933, estimulou a industria manufatureira local e uma quantidade de produtos que anteriormente se

2. Datos extraídos do texto de Perelman (1985).
3. Perelman 1985

importavam.

Dessa contingência se saiu particularmente beneficiada a industria textil que ampliou as instalações existentes e montou outras novas. Tais medidas contrabalanceavam de modo mais que suficiente as restrições da importação de determinadas mercadorias provindas do Reino Unido em 1933, que provocavam um interesse especial.

O autor observa: "há na República Argentina mão de obra boa e barata, que é complacente e voluntariosa" (Perelman 1985)[4]. Essa parcela da classe trabalhadora, que ainda não estava inteiramente sindicalizada, formava parte do conjunto de condições que tornavam interessante, inclusive para o capital externo, investir no país.

4. Este texto é uma reprodução de parte de suas memórias. Foi escrito em 1944.

Capítulo 3

Um novo ordenamento: O Peronismo

O PERONISMO MARCA E CONFIGURA o maior dos enfrentamentos políticos da história argentina. Por isso, embora o objetivo deste trabalho não seja analisar a origem e características daquele movimento, não podemos deixar de nos deter em uma breve análise do mesmo. Não pretendemos abranger o imenso conjunto de discussões que o peronismo gerou, mas apenas citar as principais opiniões sobre as origens desse movimento. A análise, ainda que breve, também se justifica pelo fato de acreditarmos que o sindicalismo pré-peronista outorgou muitas de suas marcas ao movimento que o sucedeu.

Na sexta parte deste capítulo, trabalharemos a "resistência peronista", considerando esse subperíodo como central na constitução de uma força social de oposição que toma a iniciativa na luta de classes a partir de 1969.

Nas formas de luta utilizadas e constituídas pela resistência peronista se encontra a gênesis das formas que assume o enfrentamento social nas décadas seguintes: seu momento armado. Os exercícios de sabotagem, barricadas, lançamento de bombas, utilização de armas de fogo vão imprimindo uma dinâmica diferente à luta de classes, e esses diferentes tipos de armas acabam por incorporar-se habitualmente ao enfrentamento político.

Em 1945 se observa um enfrentamento entre forças sociais, gestado nos anos da Segunda Guerra Mundial: duas frações da burguesia conduzem o processo de luta de classes, no qual depois se lançam as demais frações.

A Segunda Guerra ampliou as condições do projeto da "burguesia nacional", que cresceu ao compasso da política de substituição de importações e contra a qual se colocava a burguesia que conduziu o processo de industrialização ligado à agroindústria, que vinha se desenvolvendo desde o início do século e, portanto, estreitamente relacionada ao mercado mundial. A Segunda Guerra mudou, momentaneamente, as regras do jogo, na medida em que permitiu a emergência de outro modelo de acumulação, patrocinado por uma outra frações da burguesia.

O peronismo reúne as frações da sociedade às quais a guerra trouxe a possibilidade de expansão, sendo uma forma de deslocar a "burguesia pró-imperialista oligárquica" de sua tarefa de conduzir a forma de articulação da Argentina com o mercado mundial.

Por isso, a forma de romper essa aliança social, que continha os trabalhadores organizados sindical e politicamente e a esta burguesia tradicional, que se colocava junto aos aliados, foi o "nacionalismo", que reuniu as frações da "Argentina capitalista" contra as frações da "Argentina dependente".

Como manter a expansão do capitalismo nacional, nas novas condições internacionais?

Marín comenta:

> O "nacionalista" passa então a agrupar não só o que era simpatia para o grupo do eixo Roma-Berlim-Tóquio, formado por setores da burguesia, pequena burguesia e trabalhadores — senão também aos setores de burguesia e classe operaria que necesitavan para sua existencia a manutenção de certas relações[1] que a guerra havia outorgado, e que a "paz" ameaçava tirar. (Marín 1984, p. 48)

O "reformismo", por outro lado, reuniu aqueles que defendiam uma política anticapitalista, ou antinazista. Em geral, eram aquelas frações da classe trabalhadora mais ligadas ao campo socialista e, ainda, as frações progressistas da pequena burguesia.

A expansão do capitalismo nacional contém essas duas vertentes: nacionalismo e reformismo. E o peronismo sintetiza e reúne essas duas políticas.

---

1. A segunda guerra aprofundou as condições de ampliação do modelo econômico baseado na substituição de importações, potencializando as possiblilidades de uma industrialização leve. A partir desta situação é que se criam as condições de surgimento de uma aliança de classes cuja expressão no plano político é o peronismo.

Algumas considerações sobre o Peronismo

A análise das causas e das condições de construção da força social que deu origem e conteúdo ao peronismo tem sido objeto de grandes discussões dentro da ciência social argentina. Por isso, queremos sintetizar o que acreditamos serem as análises mais substantivas, dentro das diferentes correntes.

Rodolfo Puiggrós observa:

> Na génesis do peronismo se adverten duas singularidades que deixaram sua marca em toda a trajetoria do grande movimiento de masas. A primeira é seu aparente repentismo ou falta de causas imediatas visiveis, [...] os elementos ideológicos, politicos e sociais que integraram o peronismo se combinaram quase de golpe a partir do final do ano de 1943. A segunda é que se produz dentro da ordem estabelecida e pela conjunção de dois setores sociais que se consideraram antípodas e incompativeis entre si: o movimento operário e um núcleo nacionalista das forças armadas. (Puiggrós 1988, p. 17)

Puiggrós, analisando o período que antecede o peronismo, explica:

> No momento da queda de Ortiz [...] aconteceram as seguintes contradições que definem este periodo de transito entre a década infame e o peronismo:
>
> 1. A atividade dos partidos orientada à formação de uma frente democrática antifascista reproduzía o antagonismo da Segunda Guerra Mundial (imperialismos democráticos e União Soviética imperialismos nazifascistas) e não correspondía à contradição interna-externa principal da sociedade argentina, contradição que não se expresava nem nessa "frente" , nem nos nucleos a favor do eixo Roma-Berlim-Tóquio.
>
> 2. A contradição principal se dava entre as causas internas e externas, entre o auto desenvolvimento econômico, político e social do país e os monopolios estrangeiros de poder que deformavan e estrangulavam este autodesenvolvimento, por meio da minoria agroimportadora com sua sequela de políticos, advogados, economistas e sociólogos.

3. A pesar de que em teoria não se diferenciavan os imperialismos democráticos dos nazifascistas em termos de seus objetivos de dominio do mundo, na realidade específica da Argentina os primeiros (Gran-Bretanha seguida dos EUA) detentavam as alavancas decisivas do funcionamento econômico-financeiro do país (estradas de ferro, frigoríficos, bancos, seguros, comercio exterior, empréstimos).

4. Ao colocar mecánicamente ao país no antagonismo mundial se fazia desaparecer da superficie a contradição entre a Nação Argentina e os imperialismos anglosaxonicos, mas isto não era real, não conseguia suprimi-se este antagonismo porque ele estava embutido nos fatos

5. A luta contra o nazifascismo prestou-se a uma colosal manobra tática que consistiu na exibição das potencias do eixo Roma-Berlim-Tóquio como os únicos imperialismos e na desimperialização no papel dos imperialismos democráticos.

6. A manobra táctica tinha por objeto enraizar na opinião pública a ideia de que todo movimento nacionalista emancipador e todo lutador pela independência econômica nacional traicionavam a causa da democracia e ficavam qualificados como nazi-fascistas, do que resultava paradóxicamente que os antimperialistas aparecíam como imperialistas e os imperialistas como antimperialistas (de um lado o "nazista" Scalabrini Ortiz e do outro os "democráticos" diretores das empresas anglosaxonas e os partidos Socialista e Comunista). (Puiggrós 1988, p. 28 e 29)

É dentro desses conceitos que se fundamenta a explicação de Puiggrós, tanto sobre o deslocamento dos comunistas e socialistas da direção do movimento operário como sobre a consolidação da figura de Perón nesse quadro.

Segundo o autor, o erro fundamental da esquerda foi não ver que a contradição que marcava a luta de classes mundial não era a mesma que se verificava na Argentina. Por isso, ele vê como um equívoco a conciliação de entidades como União Democrática, aliança do Partido Socialista, União Cívica Radical e Democrata Progressista, com o apoio da Embaixada dos Estados Unidos.

Ao afirmar isso, assinala:

Os dois campos antagônicos — democracia e fascismo na ordem internacional, voto livre ou fraude na politica interna — se entre-cruzavan dentro do país. Ortiz, pró-aliado, que se elegeu fraudu-lentamente como presidente em 20 de fevereiro de 1938, sucedendo Justo, tinha que optar entre os dois. Se não optasse correria o risco de perder o apoio dos que o tinham levado à Presidencia

Os enormes avanços de Hitler, a claudicação das potências oci-dentais em Munique, e o estalhido da Segunda Guerra Mundial com novas vitórias do Eixo em todas as frentes, alentaram às tendências neutralistas e as pró-nazistas das forças armadas da Argentina para se posicionarem. Os militares que participavam delas e seus amigos "nacionalistas" se ilussionaram com a esperança de que a derrota dos imperialistas anglosaxões pelos nazifascistas traria a emancipação da Argentina do "colonialismo". Assim se explica seu rompimento com o pró-aliado Justo, sua resistência ao pró-aliados como Ortiz e a impugnação da candidatura do pró-aliado Patrón Costas, patroci-nada pelo vacilante Castillo. Não viam que sem a luta independente do povo argentino por sua emancipação nacional o triunfo do eixo na guerra e no mundo teria trazido a sustituiçao de um imperialismo por outro. Enquanto isso, a outra corrente, a pró-aliados das forças armadas, se fracionava em fiéis à fraude justista ou os partidarios da luta eleitoral pura. (Puiggrós 1988, p. 113)

Puiggrós, como muitos outros peronistas, usa como principal argumento para explicar a perda da condução do movimento operário pela esquerda, o fato de que ela não dispunha de uma visão correta da situação política nacional, reprodu-zindo contradições que só se verificavam longe do país. Acontece que os mesmos autores acabam por reconhecer que essas contradições existiam também dentro do país. A política da neutralidade, no fundo, implicava tomar partido por um dos blocos enfrentados, embora não se reconheça que essa política era uma posi-ção a favor de um dos lados da polarização existente.

Puiggrós toma como melhor exemplo para explicar a mudança de hegemonia dentro do movimento operário o caso Peter, por isso o descrevemos a seguir.

O Caso Peter

Peter era um dos exemplos da "nova classe operária", recém-chegada do interior. Filiou-se ao Partido Comunista em 1927, participando da formação da Federación de los Obreros de la Carne (FOIC) na década 30.

Em agosto de 1943, já sob o governo militar, preparava-se uma paralisação geral, sendo um de seus líderes o *"Sindicato de la Carne"*. Naquele mesmo mês, a entidade havia paralisado os frigoríficos de Avellaneda, reivindicando aumento de salários, igual salário por igual trabalho para a mulher, reintegração do pessoal despedido e estabilidade no emprego. Peter foi preso pelo governo militar, depois da greve de agosto.

O FOIC aderiu em cadeia ao plano de greve, que apresentava, entre as reivindicações, a libertação dos presos políticos. Em 1º de outubro, os dirigentes do sindicato transmitiram a Perón a exigência de que se libertasse Peter antes de se discutir a paralisação. No dia 2 de outubro, um avião militar enviado por Perón retirou o operário da prisão de Neuquen, levando-o para Buenos Aires. Em 3 de outubro, Peter foi recebido e carregado em vitória por uma legião de trabalhadores reunidos no Clube Esportivo Dock Sur.

Quando Peter tomou a palavra, pediu — e conseguiu — que se suspendesse a greve, considerando que as exigências haviam sido atendidas.

Segundo a interpretação de Puiggrós, mesmo atendendo as reivindicações dos trabalhadores, Perón se sentiu vitorioso, uma vez que o próprio Peter, em seu discurso, teve de admitir que "o governo apóia nosso movimento" e que se suspendia a paralisação "para facilitar a intervenção do governo na solução do conflito".

Puiggrós observa ainda:

> Os argumentos utilizados por Peter para convidar a volta ao trabalho refletem a linea política do Partido Comunista: os frigoríficos anglonorteamericanos contribuían ao esforço das potencias aliadas na guerra contra o nazifascismo e não deveria ser prejudicado esse esforço com a paralização do envio de carne. Pedía aos operarios sacrificios em um momento em que os frigoríficos ganhavam somas fabulosas.
>
> Em seu escritorio no Ministerio de Guerra, o Coronel Perón ordenou às empresas a aceitar o conjunto de reivindicações dos operarios e anunciou-lhes que sua intransigencia obrigaría ao governo a intervir nos frigoríficos.
>
> Por vencer as resistências das empresas, Peter e os comunistas perderam a direção no Sindicato dos Frigorificos [Sindicato de la Carne em Argentina].
>
> Dias despois, no 27 de outubro, Perón foi nomeado titular do

Departamento Nacional de Trabajo y Previsión [equivalente ao Ministerio de trabalho e previdência no Brasil]. A fonte de poder estava ao seu alcance. Repetiu sua política nos outros sindicatos com o mesmo resultado. Os sindicatos autónomos susbtituiram aos sindicatos conduzidos pelas frações comunistas, socialistas e sindicalistas. (Puiggrós 1988)

Não só Puiggrós tem esta opinião, Aurelio Narvaja descreve em forma mais dramática:

Ao gritar Viva Perón! O proletariado expressa seu repudio aos partidos pseudo-operários cujos principais esforços nos ultimos anos esiveram orientados no sentido de empurrar ao país à carnificina imperialista. Perón apresenta-se, entre outras coisas, como o representante de uma força que resistiu longa e obstinadamente essas tentativas e como o patriota que procura defender o povo argentino de seus exploradores imperialistas. Acredita que os mais abertos e declarados inimigos do Coronel constituem a corja de exploradores que querem enriquecer vendendo ao imperialismo anglo-ianque, além da carne de seus bezerros, também o sangue do povo argentino. (Narvaja 1985)

A seguir, lemos:

Entretanto a greve do grêmio metalúrgico em junho de 1942 desmascarou a traição da direção comunista. [...] começou a grande greve metalúrgica em junho de 1942 da qual participamos. Eu trabalhava em Catita e tive uma intensa atuação no movimento. A direção comunista do sincidato abrandou de todas as formas o estouro da greve e sua continuação vitoriosa. Como o Partido Comunista era o principal propagandista da entrada argentina na Guerra Mundial, com o pretexto de que a intervenção da União Soviética mudava sua natureza histórica e deixava de ser, como havia ensinado Lenin, uma guerra imperialista para se transformar em uma guerra por liberdade e democracia, todos os movimentos grevistas eram abrandados pelos comunistas com o estratagema de que não se deveria provocar dificuldades para a indústria de capital anglo-yankee porque elas poderiam prejudicar a vitória definitiva sobre o nazismo. Isto, é claro, não entendiam os trabalhadores que desejavam trabalhar apenas o suficiente para sustentar seus filhos e odiavam com toda a força de seu coração os exploradores nacionais e estrangeiros, assim como a sangrenta guerra imperialista. Porém o movimento grevista já estava na rua e os comunistas não tiveram outra saída a não ser consentir com as demandas operárias. Aí se originou a enorme surpresa com que a imprensa imperialista congratulou a Assembleia Geral do Grêmio Metalúrgico no parque Luna. (Perelman 1985)

Narvaja conta que os comunistas defendiam a não-paralisação nas empresas democráticas, tais como Siam Di Tella, já que, fazendo parte do movimento antifascista (Torcuato Di Tella era dirigente de *"Italia Libre"*, um setor da comunidade italiana antifascista), mereciam maior consideração do que as empresas aliadas com o Eixo.

Perelman diz, concluindo:

> O antifacismo do proletariado não tem nada em comum com o de seus "democráticos" exploradores. O destes significa a defesa de uma exploração proletária e do regime capitalista. O do proletariado, a luta contra a burguesia, seu regime e a favor do socialismo.
>
> Porém os empresarios do setor metalúrgico não deram ouvidos a estas exigencias ingenuas dos comunistas para que fossem compreensivos com as reivindicações operárias. Os patrões — democráticos ou nazistas — eram sobretudo patrões e nisso não se diferenciavam nem os democráticos, nem os nazistas, nem os nacionais e nem os estrangeiros. (Perelman 1985, p. 48)

Como vemos, as diferentes posições peronistas criticam severamente os comunistas por se alinharem na luta interburguesa. O problema é que não conseguem fazer autocrítica: eles próprios também se alinham nessa luta. Não importa se certos ou errados, os dois lados se alinham no conflito interburguês que definia a luta de classes em escala mundial. Se, para Perelman, todos os patrões *"eran sobre todo patrones"*, razão pela qual não se diferenciavam entre si, por que aceita como política proletária autônoma a adesão ao peronismo? Evidentemente, existe uma contradição entre o que se faz e o que se diz que faz, já que os sindicalistas peronistas, de acordo com a política policlassista, aliam-se a alguns "patrões", mesmo criticando essa posição. Existe uma ambigüidade instrínseca no peronismo, que se configura não só no tipo de aliança de classe que defende, mas pelo tipo de política que supunha.

Perón, em discurso proferido no Primeiro de Maio de 1944, declara:

> Buscamos suprimir a luta de classes suplantando-a por um acordo justo entre operários e patrões com o amparo da justiça emanada pelo Estado. (M. P. Ramos 1972, p. 120)[2].

A ideologia peronista distinguia, entre os diferentes tipos de capital, o que classificava como explorador e desumano e o que, segundo ela, desempenhava um papel socialmente responsável e progressista, comprometido com o desenvolvimento da indústria nacional. Perón defende:

> O capital internacional é instrumento de exploração, e o capital patrimonial é de bem-estar, o primeiro representa, portanto, a miséria, enquanto o segundo a prosperidade. (M. P. Ramos 1972)

Analisando essas premissas, James nos diz que

> A ideologia peronista também enfatizava que os interesses da Nação e seu desenvolvimento econômico deveriam se identificar com os pertencentes aos trabalhadores e seus sindicatos. Entendia-se que os trabalhadores compartilhavam com o capital nacional, no explorador, um interesse comum na defesa do desenvolvimento nacional contra as depredações do capital internacional e seu aliado interno, a oligarquia, que queriam impedir o desenvolvimento independente da Argentina. (James 1990, p. 51)

O peronismo, por definição, admitia a possibilidade da conciliação de classes, como norma, o que representou uma ruptura com a tradição do sindicalismo pré-peronista e uma mudança fundamental na hegemonia dentro do movimento operário.

A mudança de hegemonia dentro do movimento operário

Alguns autores, como Puiggrós, vêem no peronismo um movimento totalmente novo e espontâneo, e que implica uma ruptura entre uma velha e uma nova classe operária, entre os velhos e os novos dirigentes sindicais. A "nova classe operária" não se incorporaria à cultura política da "velha classe operária", já que esta

---

2. Quem analisa também a ideologia justicialista é Ciria (1974)

última estaria longe de entender os verdadeiros problemas de classe, reproduzindo o estilo político do stalinismo, sem se dar ao trabalho, sequer, de adaptá-la à conjuntura argentina. Nesse modelo, os novos, mais espontâneos, são, dentro da classe operária, aqueles mais preparados para romper com o imobilismo e os interesses imediatos, características dos velhos, alienados por uma orientação reformista que os leva a colaborar com as classes dominantes. Isso explicaria o caráter "revolucionário" do peronismo.

Outros autores, que enfatizam o caráter revolucionário do peronismo assinalam:

> A outra ala do movimento operário do país é constituída da abundância de jovens nativos descendentes dos criollos e gaúchos que descem ao porto da cidade. São eles os que se veem obrigados a levantar as denominadas "vilas miseráveis" devido à falta de moradias. Seus braços fortes se tornam habilidosos com o manejo das máquinas e ferramentas mecânicas. Possuem uma mentalidade virgem sem grande experiência e consciência de seu lugar como classe na sociedade moderna. Até mesmo a tradição de seus antepassados se encontra quebrada pelo triunfo da oligarquia portenha que tinha arrasado o interior. Encurralados em sua terra, postos de costas para o país, esquecidos, relegados pela minoria capitalista que monopolizava tudo, trazem um meio poderoso que ao ser posto em liberdade, constitui o verdadeiro rosto de nosso povo, amordaçado há 80 anos. A força desses homens provinha das mesmas entranhas da terra e do povo argentino e ela os capacita a marcar uma nova rota nacional. (Belloni 1926, p. 13)

Jorge Abelardo Ramos nos diz:

> Das províncias mediterráneas baixaram os *"cabecitas negras"*. [...] Os rústicos pastores *criollos* descendentes dos interioranos se transformaram em operários industriais e constituíram a espinha dorsal do novo jovem proletariado. Vinham sem tradição sindical na política, elevados, na escada da civilização para passar do campo para a cidade, envoltos num nacionalismo elemental, doméstico, ingênuo e profundo, que devia chocar, necessariamente com as formas políticas arcaicas e europeizantes dos partidos sobreviventes na cidade-porto. (J. A. Ramos s.d., p. 342)

Essa preocupação em encontrar, dentro de um processo de heterogenização da classe operária, as bases sobre as quais se estruturou a viabilidade política do nacionalismo popular, orienta não somente as posições habituais da literatura sociopolítica argentina, mas também as que se observam na literatura sociológica tradicional que se ocupa do tema, de Gino Germani a Torcuato Di Tella, por exemplo.

Nessa linha também se explica o surgimento do peronismo a partir da distinção "velha" e "nova" classe operária, em diferentes análises e com significados distintos.

Um dos pontos centrais para a distinção entre "velhos" e "novos" é a dicotomia entre tendências à ação autônoma e tendências à ação heterônoma, que caracterizariam os respectivos comportamentos políticos.

Em geral, diz-se que esses novos operários, em grande número, privados de suas antigas condições de existência, estariam mais sujeitos à manipulação. Seriam "massas disponíveis", que, ante a ruptura com a própria identidade, assumem posição heterônoma, também política e culturalmente. Segundo esse enfoque, ao participarem de um grande movimento popular essas massas estariam buscando, basicamente, a satisfação emotiva. (Germani 1962, p. 131)

Em resumo, essas correntes explicam a participação da classe operária no populismo a partir da manipulação, que seria o elo básico que sustentaria o relacionamento do líder com as massas. (Germani 1962, p. 248)

Consideramos que a explicação central está na relação entre populismo e modelo de desenvolvimento, ligado a determinados interesses de classe.

Essas duas abordagens coincidem, por atribuírem características contraditórias aos operários velhos em relação aos novos.

Os primeiros teriam construído um marco normativo estável, a partir do qual se poderiam demarcar interesses específicos próprios, buscando-se formas organizativas adequadas a esses interesses. Assim, as ações políticas desses grupos podem ser definidas conceitualmente dentro do modelo clássico das orientações operárias, de acordo com tradição e culturas políticas que se destacam na teoria da luta de classes.

Os operários novos não seriam capazes de desenvolver um programa próprio de reivindicações, incluindo autonomia, nem de fixar metas além do curto prazo. Essa incapacidade de assumir postura autônoma se projetaria no plano institucional.

A atitude heterônoma estaria ligada às necessidades de participação efetiva numa ordem social e, ao mesmo tempo, de resolver problemas imediatos. A heteronomia, o imediatismo e a falta de uma estrutura normativa levariam essa fração da classe trabalhadora à passividade e à tendência a se deixar manipular.

A situação anômica pela qual estariam passando, ao serem expulsos de suas condições originais de existência, somada à antigos resquícios de tradicionalismo, com a conseqüente relação patriarcal em que estiveram imersos, levaria aquele segmento da classe operária a integrar-se ao modelo nacional-popular, dirigido por uma elite alheia à própria classe, e que depois lhes abrem canais de participação social e política, descartando, porém, qualquer possibilidade de autonomia de classe.

Os velhos operários estariam na situação oposta, já que, dispondo de um ponto de referência claro e autônomo, construído a partir da ampla experiência de luta, teriam percepção clara de sua localização dentro da sociedade em termos de classe social, o que os permitiria definir objetivos e tarefas políticas estratégicas, e não apenas conjunturais, auto organizando-se em torno de entidades de natureza associativa e política.

Acreditamos que as posturas teóricas antes descritas sustentam-se em uma caracterização incompleta da origem do populismo, negando, às vezes, a existencia de processos que de fato se verificaram, e atribuindo um peso excessivo a certas circunstâncias, tais como a incorporação de novos contingentes de trabalhadores.

Murmis e Portantiero discutiram essas posturas observando:

> O objetivo de nosso informe é apresentar um panorama do papel dos setores operários no surgimento do peronismo que percorrerá, basicamente, ao redor de três hipóteses:
>
> 1. que no surgimento do peronismo tiveram uma intensa participação organizações e dirigentes do setor de operários "velhos";
>
> 2. que é difícil outorgar a caracterização de passiva, heterônima e com alvos de curto alcance a participação operária no processo de constituição do movimento nacional-popular;
>
> 3. que a participação conjunta de velhos e novos implicava em um projeto social de certo alcance e tinha como componente importante a continuidade programática com reivindicações prévias das organizações operárias, do mesmo modo que a possibilidade de participação operária em uma aliança policlassista era já uma tendência com importantes antecedentes no sindicalismo anterior ao peronismo. (Murmis e Portantiero 1987)

Esses autores consideram que, quando se deseja explicar o populismo na Argentina, é fundamental esclarecer quais foram os interesses que confluíram no movimento Peronista, frente a outras interpretações que enfatizam os elementos normativos que se apresentam como condição do populismo, entendido como manifestação de heteronomia operária para as sociedades, nas quais ocorre crescimento industrial rápido em uma etapa tardia de desenvolvimento do capitalismo.

No processo genético do populismo, a Argentina, tal como destacamos, apresenta características distintas das que se verificam em outros países: a organização sindical não é uma criação do peronismo. Antes dos anos 40, já exibe uma rica história de lutas, bem como uma estrutura que antecede o intervencionismo do governo.

O processo de desenvolvimento econômico, a industrialização substitutiva, tampouco começa com o peronismo. Podemos dizer que, na Argentina, houve um processo de exploração "nua", sem intervencionismo nem proteção estatal. Assim, surge o modelo nacional popular de organização do social.

Esse período de exploração sem participação seria uma das características fundamentais do peronismo, já que nos fala de uma conformação específica de sindicalismo, moldada nessas lutas.

Murmis e Portantiero resumem assim suas conclusões:

> Nossa conclusão é que no processo de gênesis do peronismo tiveram uma intensa participação dirigentes e organizações gremistas velhas, participação que chegou a ser fundamental para o nível dos sindicatos e da Confederação Nacional do Trabalho e muito importante no Partido Trabalhista.
>
> Essa ressalva posta na atividade dos dirigentes e organizações tradicionais nas origens do peronismo não significa descartar em absoluto o papel desempenhado pelos operários recém incorporados à indústria e pelos grêmios que efetivamente se organizam depois de 1943, exceto relativizá-lo a favor de uma aproximação relativa ao problema da participação operária no peronismo que além de destacar a divisão interna da classe operária, toma como ponto de partida seu oposto: a unidade da mesma como setor social submetido a um processo de acumulação capitalista sem distribuição do ingresso, durante o processo de industrialização baixo controle conservador que tem lugar durante a década de 30.

A hipótese que se observa atrás desse enfoque é que anteveio o populismo, se desenvolveu na sociedade argentina um processo de crescimento capitalista sem intervencionismo social e que esta situação determinou a configuração de um monte de reivindicações tipicamente operárias que abarcavam o conjunto da classe trabalhadora, demandas que o sindicalismo tratou de satisfazer sem êxito até que entre 1944 e 1946 por ação de definidas políticas estatais, essa série reivindicativa vai encontrando soluções, o que se traduz em uma inversão das tendências de distribuição do ingresso nacional. Sobre esta base, a maioria dos sindicatos — velhos e novos — articulam uma política de alianças com um setor do aparato do Estado, sem abdicar durante esse processo e, ao contrário, o reforçando — tal como o indica a criação do Partido Trabalhista — suas pretensões tradicionais de autonomia e independência frente aos outros setores sociais. (Murmis e Portantiero 1987, p. 76 e 77)

Concordando com essas conclusões, cremos que a importância do movimento sindical argentino anterior aos anos 40 dá ao peronismo um caráter claramente distinto em relação a outros tipos de populismo. A imagem de um Estado criador de sindicatos — em que o líder demagógico manipula as massas, de dirigentes sem experiência a organizarem os novos contingentes de trabalhadores recém-urbanizados, sem nenhuma tradição política ou associativa anterior, sem qualquer consciência de autonomia - está longe de explicar o caso argentino.

Horowitz também defende essa posição:

A continuidade a que estamos nos referindo também tem sido obscurecida pelo que tem se transformado na tese "ortodoxa", na explicação de como Perón foi capaz de chegar ao poder e controlar o movimento operário. Essencialmente, essa tese sustenta que a antiga estrutura sindical foi envolvida pelas dezenas de milhares de migrantes internos de origem rural que fluíram para as cidades e não puderam se integrar aos sindicatos

Segundo uma das variantes dessa hipótese, o apoio que os migrantes internos brindaram a Perón foi resultado da falta de sofisticação política, circunstância que fez deles os receptores ideais de seu estilo paternalista. Os políticos e intelectuais peronistas não rechaçaram os lineamentos centrais dessa hipótese mas, em lugar de defender que os novos operários eram ingênuos, afirmaram que os migrantes internos eram mais argentinos que os imigrantes que supostamente dominaram o movimento operário anterior a 1943. A ideia de ruptura total com o antigo movimento também se resultava atrativa porque os peronistas estiveram sempre prontos para se atribuir o mérito de haver criado o movimento operário na Argentina. (J. Horowicz 1988)

Autores como James, embora não expliquem o surgimento do peronismo exclusivamente a partir da distinção entre velha e nova classe operária, também aceitam uma explicação normativa para a adesão em massa do movimento operário ao peronismo.

> Para resumir nossa análise da natureza da experiência peronista para os trabalhadores argentinos no período 1943-1945 devemos começar assinalando o óbvio: o peronismo marcou uma conjuntura decisiva na aparição e formação da moderna classe trabalhadora argentina. Sua existência e seu sentido de identidade como força nacional coerente,tanto no social como no político, se remonta à era de Perón.
> [...] A classe trabalhadora não chegou ao peronismo plenamente formada e se limitou a adotar essa causa e sua retórica como o mais conveniente dos veículos disponíveis para satisfazer suas necessidades materiais. Em um sentido importante, *a própria classe trabalhadora foi constituída por Perón*. [...] Havia em jogo indiscutivelmente um processo de interação das direções, e enquanto a classe trabalhadora foi constituída em parte pelo peronismo, esta foi por sua vez em parte criação da classe trabalhadora. (James 1990, p. 55 e 56)

Apesar de James questionar a postura teórica da visão sociológica tradicional (Germani), que vê em Perón o líder carismático que manipula as massas disponíveis, não deixa de considerar que o movimento operário argentino teve origem no peronismo, com o qual se identificou em termos de valores e de discurso.

James considera que

> A década infame foi experimentada por muitos trabalhadores como um tempo de frustração e humilhação profundas, sentidas coletiva e individualmente. Formas de cultura popular, como o tango, expressariam mais do que nunca as imagens de amargura e resignação. Em muitos tangos de Discépolo a figura crucial é o *"gilito embanderado"*, o sonhador que trata de viver honestamente, ou melhor ainda, é bastante ingênuo por imaginar que poderá mudar um

mundo injusto. O propósito do tango é, então desenganá-lo de suas
ilusões, enfrentando-o com uma realidade na qual nem Deus resgata
o que foi perdido. (James 1990, p. 42)

A Década Infame seria um período em que o silêncio era a expressão dos setores populares.

> Em particular, podemos apreciar a imagem de silêncio que passa
> de um para outro: "Tem que permanecer calado, sem falar", "um
> obstinado silêncio", ou a resposta de Dom Ramiro quando perguntaram-
> o o que fazia frente ao poder dos caciques políticos: "Nada. Voltarei
> para casa. Talvez me queixar para meus amigos". A capacidade do
> discurso peronista para articular essas experiências não formuladas,
> constituiu a base de seu poder, autenticamente herético. [...]
> O exemplo mais famoso sem dúvida reside nas implicações atri-
> buídas à palavra *"descamisado"*. Essa palavra havia sido utilizada
> inicialmente pelos antiperonistas, antes do triunfo eleitoral de Pe-
> rón, como qualificação dos trabalhadores que o apoiavam. A implí-
> cita conotação de inferioridade social, e portanto política e moral,
> se baseava em um critério de valor social que tomava um dos signos
> mais evidente do status da classe trabalhadora — as roupas de traba-
> lho — e o apresentava como insígnia, evidente por si mesma, de in-
> ferioridade. O peronismo adotou o termo e inverteu seu significado
> simbólico, transformando-o em afirmação do valor da classe traba-
> lhadora. Essa inversão foi ampliada mediante a adesão do termo
> *"descamisado"*, na retórica oficial, à figura de Eva Perón, protetora
> titular daqueles. (James 1990, p. 46)[3]

Consideramos que, embora questione a explicação normativa como origem
do peronismo, James termina por cair numa análise similar. Se não é pela disponibilidade que as massas se incorporam ao peronismo é pelo discurso, que expressa
suas referências simbólicas. Acreditamos que a base sobre a qual se constrói a
originalidade do peronismo é, por um lado, a particular relação que se deu, na
Argentina, entre populismo e o modelo de desenvolvimento ligado a determinados interesses de classe, e por outro, a história política do movimento operário.

3. Neste trecho, o autor cita algumas entrevistas a protagonistas da época, desenvolvidas na exten-
são nas páginas anteriores.

Não concordamos com as análises que vêem a passividade e a manipulação como relação central entre o movimento operário e Perón. O sindicalismo se incorpora à aliança peronista com uma política proletária própria. Superdimensionar sua força e capacidade de impor uma política, e ao mesmo tempo subestimar o poder da figura de Perón, levou a que perdessem a iniciativa e a condução na construção dessa aliança.

O sindicalismo pré-peronista

O ciclo de industrialização controlado pelo conservadorismo na Argentina dos anos 30 exerceu influência sobre as forças de trabalho com maior acesso às condições dos processos de industrialização clássicos num nível maior do que o normalmente observado em países dependentes. Queremos dizer que, na Argentina, não se verificou um processo simultâneo de industrialização e distribuição, mas sim o clássico processo de acumulação baseado na exploração do operariado. Esse processo teve consequências importantes na história do sindicalismo desse período.

Entre 1930 e 1935, a capacidade de negociação do sindicalismo foi duramente golpeada pelo duplo poder que o capitalismo possui, de disciplinar a força de trabalho, e que se sustenta na manutenção da taxa de desocupação e uso de medidas repressivas. Esse é um momento de grande debilidade do movimento operário, que se mostra incapaz de enfrentrar as consequências da crise econômica.

Um dirigente sindical da época analisa:

> Com a desocupação operária total em uns casos, parcial em outros, o movimento sindical que estava ressentido por lutas internas afiadas em sua última década, veio para menos. Diminuído, torna-se base ilusória toda atividade e desde 1930 a 1935 escassas eram as que reuniam condições de realizar qualquer ação em defesa de seus aliados. Os ferroviários, 39 cuja organização mantiam intacta, viram-se obrigados a aceitar sérias reduções na sua jornada de trabalho com a conseguinte diminuição de seus salários: os trabalhadores da indústria haviam perdido muitas vantagens obtidas nos anos anteriores. As poucas organizações que se arriscavam à ação somente obtinham resultados limitados. Destacaram-se nesse sentido as dos operários de madeira, de calçados, de serviço telefônico e da construção. (Marotta 1961)

Em 1935, essa situação começa a mudar. O ritmo da ocupação cresceu continuamente, fortalecendo a capacidade de negociação do sindicalismo. Do ponto de vista institucional, isso implicou mudanças na direção da CGT.

Ao final do ano de 1935, os delegados da Unión Ferroviaria, da Fraternidad, da Confederación General de Empleados de Comercio, da Asociación de Trabajadores del Estado e da Unión Obreros y Empleados Municipales - as entidades mais importantes - desautorizaram as lideranças da CGT e nomearam uma Junta Provisória, com a principal tarefa de convocar um congresso constituinte da central trabalhadora.

Quais eram as causas desse enfrentamento?

> O principal argumento manipulado pelos dirigentes das organizações sindicais mais poderosas — controlados por afiliados ou simpatizantes do Partido Socialista — era que a CGT havia encoberto com o lema de "independência política" uma atitude conciliadora frente aos governos de Uriburu e Justo. [...] Dessa crise dos finais de 1935 permanecerá, por um lado, a CGT, desde então controlada pelos socialistas e a União Sindical Argentina, reconstruída depois de sua dissolução em meados da década anterior, na qual participaram os sindicatos desalojados da direção da CGT e outros grêmios, sobretudo do anterior, que não aceitavam a supremacia socialista, defendendo uma orientação do tipo sindicalista, delimitando a ação das agrupações políticas. Os Eua vai perdendo paulatinamente importância e nos princípios da década de 40 só contará com 14.000 afiliados contra mais de 300 000 da CGT. (Murmis e Portantiero 1987, p. 84 e 85)

A desocupação começa a diminuir, porém, os salários reais estacionam ou caem, aumentado as reivindicações. O momento também favorece o fortalecimento das condições de organização: criam-se novos sindicatos em ramos da indústria, ao mesmo tempo em que se formam federações nacionais.

Os comunistas começam a participar da direção da CGT, a partir de sua influência em novas federações nacionais, como as dos metalúrgicos e trabalhadores da indústria têxtil.

Em síntese, as tendências predominantes no sindicalismo no início da década de 40 são as seguintes:

- A CGT comportava a maioria dos trabalhadores sindicalizados. De sua direção participavam socialistas, sindicalistas e comunistas;

Tabela 3.1: Salário real dos trabalhadores relativo a 1929

Ano	Trabalhadores em geral	Grevistas
1929	100	100
1930	91	96,43
1931	98	104,33
1932	104	104,78
1933	96	89,91
1934	99	79,91
1935	101	71,40
1936	95	63,66
1937	96	77,90
1938	96	78,71
1939	97	67,82

Fonte: Estatística das greves em Murmis e Portantiero (1987, p. 87)

- A usa, cujos dirigentes eram sindicalistas; e

- Os sindicatos autônomos, também com uma política sindicalista.

O processo de aumento da ocupação se acelera no período anterior ao golpe de 1943, porém, conforme assinalamos, o tipo de acumulação capitalista dos anos 30 se dá sobre a base de uma exploração intensiva da força de trabalho. A grande quantidade de reivindicações, somada às altas taxas de ocupação, reforçou a possibilidade de uma ação sindical, o que se expressou no aumento das organizações sindicais e em sua capacidade de mobilização.

Os dados da Tabela 3.1 podem ilustrar esse processo.

A crescente mobilização operária não encontra os resultados procurados, já que se perde uma alta porcentagem das greves, o que faz aumentar a insatisfação e eleva o nível das tensões. O processo se acentua em 1940 e atinge o ponto máximo em 1942, último ano antes de se constituir a aliança nacional popular.

Todo o período que vai desde 1939 — quando a Guerra Mundial alavanca o processo de industrialização substitutiva — caracteriza-se por um aumento constante dos níveis de emprego, ao mesmo tempo em que o salário real se mantém congelado ou evolui muito pouco. Isso leva a uma exacerbação dos conflitos e a uma mobilização da classe operária que atinge o ponto máximo em 1942.

O ano de 1942 alcançou valores em matéria de número de gre-

Tabela 3.2: Porcentagem das greves orientadas por uma dada reinvindicação

Ano	Salários	Jornadas	Reajustes	Despedidos	Solidariedade
1934	42,86		11,90	42,86	2,38
1935	56,52		8,70	23,19	10,14
1936	58,72	2,75	5,50	27,52	5,51
1937	64,64	1,22	1,22	28,05	4,87
1938	43,19	2,27	18,18	31,82	2,27
1939	81,63	2,04	—	12,25	4,08

Fonte: Estatística das greves de Murmis e Portantiero (1987, p. 88)

Tabela 3.3: Greves

Ano	Greves		Jornadas Perdidas		Grevistas	
	#	%	#	%	#	%
1939	49	100	241 099	100	19 718	100
1940	53	108,16	224 599	93,16	12 721	64,51
1941	54	110,20	247 598	102,70	6 606	33,50
1942	113	230,61	634 339	263,10	39 865	202,18

Fonte: Dirección de Estadística Social, Investigaciones Sociales, 1943/45 em Murmis e Portantiero (1987, p. 90).

ves e de jornadas perdidas que não foram superados nos anos sucessivos; nem mesmo em 1945. O total de greves foi de 113 e abrangeram 39 685 grevistas, em torno de 60% do total de trabalhadores das empresas em conflito. [...]

Das 113 greves, 70 foram motivadas por reivindicações salariais, 3 por problemas relativos à jornada de trabalho, 9 se referiam a melhoras nas condições de trabalho, 29 a problemas de demissão [...] e 2 por solidariedade. Em relação ao total dos grevistas envolvidos, 89,42% tiveram como motivação reclames do tipo salarial.

Do ponto de vista da experiência operária, em 1942 como em anos anteriores, o crescimento da combatividade não trouxe êxitos imediatos: só 10% dos grevistas triunfaram em suas demandas. (Murmis e Portantiero 1987, p. 91)

Desse modo, o golpe militar de 1943 encontra uma classe operária que, embora houvesse intensificado a mobilização em defesa de seus interesses, não conseguira resolver os problemas pelo atendimento de suas reivindicações. O crescimento do grau de combatividade e da organização são tão grandes como o acúmulo de reivindicações insatisfeitas. No nível institucional, a cgt se encontra de novo dividida em dois setores, que reiteram as discussões do ano de 1935.

A cgt No. 1, encabeçada pelo socialista Domenech — secretário da Union Ferroviaria —, defendia a independência da organização sindical com os partidos políticos. A cgt No. 2 reunia os sindicatos dirigidos por afiliados socialistas ou comunistas mais integrados à estrutura partidária. Ambas cgts têm atitude de expectativa diante do novo governo. Apesar disso, a cgt 2 é fechada e a cgt 1 sofre intervenção. Por decisão dos interventores, La Fraternidad e Union Ferroviaria — os sindicatos mais fortes — rompem com a cgt 1, esvaziando a entidade.

Os sindicatos ligados à cgt 1 que se mantinham livres da intervenção decidem reconstruir o secretariado e mantêm a confederação funcionando.

Em outubro desse ano, o coronel Juan Perón é designado diretor do Departamento Nacional del Trabajo. Um mês depois, cria-se a Secretaria de Trabajo y Previsión, cujo comando também pertence a Perón. Os interventores da Union Ferroviaria e de La Fraternidad deixam suas funções, sendo substituídos por Domingo Mercante, outro militar, muito próximo de Perón, que assim assume o controle dos sindicatos. A partir desse momento, inicia-se uma nova etapa das relações do sindicalismo com o Estado, que criará as condições políticas para a aliança que define o peronismo.

Luta interburguesa e heteronomia operária

Com o deslocamento da corrente sindicalista da direção da CGT, em 1935, e a ascensão dos socialistas e comunistas, rompera-se a tradição que o movimento sindical mantinha, de neutralidade política das organizações operárias. Em lugar disso, o movimento sindical defendia a unidade de princípio entre as garantias constitucionais e as reivindicações do trabalho. Essa nova orientação, inspirada na luta antifascista no final dos anos 30, ganhou reforço com o estilo autoritário do último período de restauração do poder conservador, sob a presidência de Castillo.

Com a revolução de Junho, o cenário muda. Os sindicatos se encontram com um governo cujas simpatias pelo fascismo são evidentes, porém, ao mesmo tempo, se mostra muito mais receptivo às reivindicações pelas quais, durante longos anos, o movimento operário vinha lutando. A cautela de que as organizações sindicais se cercam, ante o novo governo se deve, em parte àquela ambiguidade. Não custa esperar o advento de um regime democrático para se lançar em novas lutas: a "Secretaria de Trabajo" do governo, de fato, apresenta-se como um aliado no trabalho de conquista.

Angel Borlenghi, dirigente socialista da CGT 1 defende:

> Nos censuram por negociar melhorias com um governo militar. O movimento sindical tem o dever de conseguir todas as melhorias que pode em benefício dos trabalhadores independentemente do regime de governo e dos homens que o desempenham. Se os trabalhadores devessem esperar para formular suas reivindicações aos governos inatacáveis muito pouco teriam avançado em sua longa luta. Quando em 1930 se estabeleceu um governo militar, que se caraterizou por reprimir o movimento operário e por se entregar amorosamente aos braços da oligarquia, vieram por acaso os constitucionalistas de hoje para dizer que esse governo carecia de poderes legislativos? O mesmo sucedeu durante os primeiros meses da Revolução de Junho, quando se subjugaram os direitos do movimento sindical, quando se encarcerou inúmeros trabalhadores e se dissolveram sindicatos; então foi quando menos foi censurado, porque as vítimas eram os homens do povo. Quando começaram os ataques ao governo atual? Foi depois da criação da Secretaria do Trabalho, quando as forças vivas viram que essa nova repartição escutava as reivindicações justificadas dos trabalhadores; nesse momento é que

apareceram os constitucionalistas discutindo o direito de legislar. Nesse assunto, a classe trabalhadora afirma que não tem porque ter escrúpulos de caráter constitucional. Não tem sentido te-los uma vez que estava sendo obtido sucesso nas reivindicações dos trabalhadores apesar de ser um governo militar. (Borlenghi 1945, citado por Juan Carlos Torre)

Embora esta atitude de "neutralidade" já tenha sido vista no movimento operário, cremos que, nesse momento, expressa um tipo de política diferente, merecendo uma nova análise. Os dirigentes sindicais não estão buscando retrair-se no enfrentamento, mas sim assumindo uma posição autônoma ante a crescente polarização. Borlengui explica essa tática, quando diz:

> Nós estamos de acordo com o que se fala em nosso nome; vamos falar por nós mesmos. E decidimos que o movimento sindical argentino, se colocando à altura dos mais adiantados do mundo, opine na solução dos problemas econômicos, políticos e institucionais da República, e irá intervir com absoluta independência. (Borlenghi 1945)

Reforçando essa hipótese, que sustenta que o movimento sindical mantém uma política autônoma até depois de instalado o peronismo no governo, Juan Carlos Torre assinala:

> Durante os três próximos meses (se referem a agosto, setembro e começo de outubro), as organizações operárias estarão conspicuamente ausentes das ruas. A relutância em prosseguir com a campanha de mobilização provinha das dificuldades que encontravam para se erguerem em uma terceira força, entre a elite militar e os setores da oposição. ()

Somente quando os enfrentamentos que ocorrem dentro da força em que se encontra o governo levam ao desalojamento de Perón do poder é que os sindicatos entram diretamente em ação. Acontece que essa mudança na correlação de força debilitaria não só a sustentação das conquistas feitas, mas também a ampliação das mesmas.

Enquanto a central sindical se mantém neutra, a oposição organiza uma demonstração de força nas ruas de Buenos Aires: a *Marcha de la Constitución y la Libertad* congrega uma multidão que se mobiliza, encabeçada por representantes de todos os partidos, unidos pela ideia de entregar o governo à Suprema Corte. O regime responde restabelecendo o estado de sítio, acompanhado da ocupação das universidades, ou seja, volta à sua política repressiva, agora extensiva às fileiras do exército.

Em 9 de outubro a guarnição de *Campo de Mayo* pede a renúncia de Perón. Uma semana depois, na qual seus adversários não souberam explorar a vitória tática alcançada, pela mobilização operária, Perón volta ao poder.

Ainda na noite de 9 de outubro, no campo de esportes do *Sindicato de los Cerveceros de Quilmes*, realiza-se uma reunião para analisar o que acontecerá durante o dia. O encontro reúne cerca de 70 dirigentes e militantes sindicais, que resolvem formar uma comissão para encontrar-se com o titular da *Secretaria de Trabajo y Previsión*, para expressar-lhe solidariedade. Essa reunião foi muito importante, já que conseguiu aglutinar e juntar um conjunto de quadros sindicais, que, além de sua relação com Perón, carecia de qualquer outra forma de organização. Do encontro não participaram os membros do secretariado da central operária, o que explica a perda de liderança desse grupo, que aconteceria nos meses seguintes.

A comissão encontra-se com Perón ao meio-dia do dia 10, no escritório da rua Posadas, informando-o da solidariedade dos militantes reunidos em Quilmes e sugerindo-lhe que se despedisse dos trabalhadores naquela mesma tarde em um ato público. Perón aceita a proposta, começando os preparativos para organizar sua aparição. Ninguém pensou que se estivesse pondo em movimento o motor de uma reação popular que, sete dias depois, reverteria a ordem dos acontecimentos.

A consciência das massas trabalhadoras quanto à capacidade de contestação pública foi surgindo a partir da marcha e foi conquistando os dirigentes sindicais de forma progressiva, na medida em que estes constatavam, de um lado, a agitação que desencadeava nos meios operários a notícia do afastamento de Perón e, de outro, que havia possibilidades reais de exercer pressão sobre o governo militar, dentro do qual os aliados do ex-secretário do Trabalho ainda conservavam posições estratégicas.

Cinco horas depois de terminada a entrevista na rua Posadas, cerca de 70 000 pessoas se reuniram em frente as oficinas da Secretaría de Trabajo, expressando, em manifestação, a inquietude generalizada e, ao mesmo tempo, a obra de um eficaz aparato sindical. (Luna 1969, p. 295 a 297)

Essa multidão operária, que recebe as palavras do emergente caudilho militar gritando *"Perón Presidente"* e *"Un millón de Votos"*, fortalece o espírito dos organizadores do ato e lhes aponta a saída política que, de forma errática, por meses a fio, vinham buscando.

Enquanto um núcleo da velha guarda sindical procura sair do impasse refletindo o estado de ânimo dos trabalhadores, outros dirigentes preferem tomar distância e reposicionar-se diante da nova conjuntura política, como tradicionalmente havia feito o movimento operário em circunstâncias parecidas. Os ferroviários, por exemplo, justificavam essa atitude, alegando que não se barrara o acesso dos sindicatos ao governo. Por que, então, arriscar o futuro dos sindicatos comprometendo-se com um homem cujo destino político estava aparentemente acabado?

Por outro lado, a oposição, acreditando que tinha mais força do que na realidade possuía, exigia a volta do exército aos quartéis e a entrega do poder à Suprema Corte. Essa renúncia a um acordo com o setor do Exército frustrou em poucos dias dois anos de luta, justamente no momento em que podia vencer. Tampouco surgiu dentro do governo uma condução política capaz de contornar as diversas pressões, encontrando uma forma alternativa que resolvesse a sucessão política com a saída de Perón.

Num momento em que a iniciativa se mantinha nas mãos do governo e da oposição, em que o movimento sindical não dispunha de uma estratégia unificada, a ausência de direção levou a um desgaste do qual Perón saiu vencedor.

A análise mais tradicional sobre os acontecimentos de 17 de outubro define-os como uma reação espontânea do movimento operário. Essa versão não considera todos os preparativos que desde alguns vários quadros sindicais faziam.

Concordamos com Juan Carlos Torre quando explica:

> Para os efeitos da reconstrução histórica que estamos realizando, os acontecimentos do dia 16 são centrais. Em primeiro lugar, porque questionam de forma inapelável a versão que pretende que o ocorrido de 17 de outubro fora um motim popular, que havia estourado à margem das organizações, e impactado, de forma surpreendente e incontrolada, a cena política.
>
> É verdade que no dia 15 e sobretudo no 16 foram manifestações de rua, das quais poderia chegar a ver a mobilização do dia 17 como uma condensação de uma série de iniciativas isoladas e que esse dia, ante a passividade dos quadros dirigentes haviam convergido finalmente sobre a Plaza de Mayo. Com respeito aos grupos operários que em 16 chegaram ao centro da cidade provenientes da zona sul, já Cipriano Reyes tem esclarecido que o fizeram por desconhecer a contraordem transmitida ao se conhecer a notícia do transporte de Perón ao Hospital Militar. O fato é enquanto o Comitê Central Confederal não aprovou a greve geral, os trabalhadores não se

lançaram massivamente às ruas. Que têm enfatizado 'a espontanei-
dade' dos sucessos de 17 não tem reparado em um feito que se impõe
de imediato e remete diretamente à obra da vontade organizadora:
a sincronização da mobilização operária. Buenos Aires não era então, em pleno auge urbano, uma cidade de dimensões tais onde fosse
concebível a propagação de um movimento de massas por contágio.
Se foi possível reunir a multidão popular que se congregou na Praça
de Maio foi porque nos diferentes bairros da cidade e da periferia fa-
bril os comitês de greve surgidos nos prévios dias atuaram de forma
coordenada. por outro lado, no mesmo momento em que esses acontecimentos tinham lugar na Capital Federal, mobilizações similares
seriam levadas à cabo a quilômetros de distância, nas principais cidades do interior, e isso não teria sido possível sem os laços existentes
com os sindicatos provinciais.

Contudo, essa ampla rede sindical em 16 de outubro estava ci-
ente do que resolvera o Comitê Central Confederal. Nadie tinha
esperado, é certo, a indicação da central operária para se declarar
em greve. Entretanto todos os sindicatos, federados ou autônomos,
no instante decisivo, dirigiram naturalmente o olhar para a CGT, buscando nela a unidade de ação que garantisse a eficácia da multiforme
e extensa mobilização operária. (J. Horowicz 1988, p. 137)

O impacto político da mobilização do 17 de Outubro inspirou um sentimento
de poder nas lideranças do sindicalismo tradicional, que consideraram uma vitória sua o retorno de Perón. Por isso, ante as eleições de fevereiro de 1946, resolve-
ram fundar o Partido Laborista, convencidas de que a nova agremiação política
não representaria apenas um grupo corporativo, mas sim uma força social que
emergia. Entretanto, os acontecimentos de outubro deixaram uma ideia equivocada do que de fato seria a relação dos dirigentes sindicais com Perón. A enorme
capacidade de organização que esses dirigentes tinham levou-os a acreditar que
o retorno do ex-secretário de Trabalho foi obra exclusivamente deles.

A estrutura sindical que constituiu a base de sustentação do peronismo resultou de uma aliança entre os sindicatos que haviam integrado a CGT 1, os que
integravam a USA e os autônomos - aos quais se juntaram as novas agremiações
e aqueles organizados paralelamente aos sindicatos que compunham a CGT 2, estreitamente ligados ao comunismo e ao socialismo.

Esses são os grupos que se unificaram na conformação do Partido Laborista,
e que verão na nova entidade a possibilidade de conquistar sua autonomia em

relação aos partidos políticos e ao sindicalismo.

À medida que chegava o dia das eleições as frações que se opunham ao governo militar começavam a integrar-se à União Democrática, que, em 1942, havia tido como uma de suas molas propulsoras a própria CGT, tal como versa na resolução do II Congresso da Central (*Actas del Segundo Congreso Ordinario* 1943, p. 134, citado por Murmis e Portantiero). Três anos depois, somente uma minoria sindical se alinhará com os velhos partidos nesse projeto de aliança. O resto do sindicalismo, a grande maioria, colaborará na conformação de outra aliança.

A política dos sindicalistas mais ligados ao socialismo será a de promover a desfiliação de vários sindicatos da CGT: a Fraternidad, a Union Obera Textil e o Sindicato del Calzado, são alguns dos casos. A resposta da CGT foi criar grêmios paralelos.

A adesão das correntes majoritárias do sindicalismo ao peronismo acontece como uma forma de resposta da classe operária à ofensiva de grupos que compunham a grande burguesia industrial, comercial a agrícola contra os direitos já conquistados pelos trabalhadores. Por isso é que se dá a grande mobilização do 17 de Outubro.

Essas mudanças de orientação, anunciadas pelo governo, foram interpretadas como o final de uma política de reformas graças às quais o sindicalismo havia conseguido satisfazer uma série de reivindicações postergadas. E mais, a partir da qual a CGT havia elaborado sua estratégia de apoio a um setor governamental.

Murmis e Portantiero (1987, p. 105) assinalam:

> Se no período anterior, o crescimento da ocupação operária como produto do processo de industrialização não havia trazido acoplada uma subida nos ingressos reais, mas seu estancamento ou sua queda, no período de 43/45 essa tendência mudará: o ritmo do crescimento da taxa de ocupação se operou, progressivamente, o do índice dos salários reais, tal como indica a tabela [3.4].

As conquistas trabalhistas não se restringiam à melhoria dos salários reais, mas estendiam-se às condições de trabalho, desde a assinatura de acordos coletivos até a aprovação de um conjunto de medidas legais que contemplava praticamente todas as reivindicações da CGT desde a sua criação.

Era muito grande a quantidade de reformas que respaldavam a posição da CGT — em defesa da aliança populista, contra a aliança opositora da qual participava a minoria do sindicalismo. Aquelas reformas constituíam a base objetiva sobre a qual se poderia viabilizar a coalizão com a participação sindical que saiu vencedora nas eleições de 1946.

Tabela 3.4: Nível de ocupação e salário real em Buenos Aires relativo a 1929

Ano	Salário real	Ocupação
1940	0,98	1,2918
1941	0,98	1,3501
1942	1,01	1,4063
1943	1,07	1,4702
1944	1,18	1,5524
1945	1,18	1,5508

Fonte: Investigaciones Sociales, 1943/45 pag. 61 y 258

Foi essa percepção, reforçada pela possibilidade de autonomia em termos de organização e expressa, no plano político, pelo Partido Laborista, que levou a maioria dos velhos dirigentes sindicais a viabilizar as reformas mais importantes do nacionalismo popular na Argentina. (Murmis e Portantiero 1987, p. 106)

A pretensão de conduzir o novo processo no qual se ingressava naufragou frente a consagração plebiscitária de Perón enquanto líder.

Isso foi o que descobriram os dirigentes sindicais quando, por ocasião da dissolução do Partido Laborista, ordenada por Perón, e a posterior cooptação da cgt, tiveram que abdicar suas pretensões quanto à autonomia. (J. Horowicz 1988, p. 146–147)

A estratégia do primeiro governo peronista poderia resumir-se dentro do que conceituamos como "cidadanização" da classe operária. Consideramos um retrocesso significativo para a classe em seu conjunto a cooptação e desarme de uma política operária autônoma. A legitimação dos interesses corporativos, em detrimento dos posicionamentos políticos que transcendessem as reivindicações econômicas, foi produto de longos anos de luta sem sucesso. O fato de o peronismo ter conseguido subordinar uma tradição sindical combativa foi, na nossa opinião, uma derrota tática importante.

A década infame, com a corrupção institucional que a caracterizou, criou um clima de rejeição e descrença com respeito aos valores do liberalismo tradicional. James afirma:

> O mal estar político e moral acarretado por essa situação gerou uma notória crise da confiança que inspiravam as instituições políticas estabelecidas e da crença em sua legitimidade. O peronismo poderia, em consequência, reunir capital político denunciando a hi-

pocrisia de um sistema democrático formal que teria escasso conteúdo democrático real. O êxito de Perón com os trabalhadores se explicou, melhor, por sua capacidade para refundir o problema total da cidadania em um molde novo, de caráter social. (James 1990, p.28)

Perón redefiniu noções liberais de cidadania, incorporando à igualdade política, as dimensões da "justiça social". O Estado seria o espaço no qual as classes podiam atuar política e socialmente, um lugar de arbitragem, identificado, além disso, com a figura de Perón.

Em uma das aulas que ministrou na "Escuela Superior Peronista", e cujo objetivo era formar quadros, analisando o sistema de captação ou recrutamento, Perón nos diz:

O primeiro que deve fazer é ter a massa, já que para "fazer guisado de lebre, o primeiro que deve ter é a lebre". Primeiro tem que formar o contingente que irá conduzir, porque o condutor sozinho não conduz nada. A condução é possível quando existe o objeto que se irá conduzir. Como atuamos nos outros para formar esse contingente? Qual foi o sistema de formação e recrutamento?

Primeiro: cooptar a massa

Eu comecei a realizar isso pessoalmente desde a Secretaria de Trabalho e Previsão.

Qual era a orientação? A primeira regra que cumpri foi: dizer a verdade e atuar sincera e lealmente, porque sabia que a massa estava desencorajada pela falta de sinceridade e lealdade e pela mentira permanente com que haviam atuado antes de mim. Prometiam-lhes tudo e não lhes davam nada. Então eu empreguei um sistema diferente. Não prometer nada e dar-lhes tudo. Em vez da mentira, dizer-lhes a verdade. Em vez de engano, ser leal e sincero e cumprir com todo o mundo. [...]

Quando começamos a trabalhar, recebíamos a todos que vinham, criando uma organização que permitia a todos os argentinos, pobres, ricos, maus, bons, brancos ou negros, que viessem ali nos escutar. [...] Se chegavam dez, lhes falava; se chegavam dois, também lhes falava; se eram dez mil, melhor. Assim o número foi crescendo, e quando quisesse me acordar teria o predicamento político que eu necessitava para começar a agir.

Eu sempre preferia, em vez de falar para homens, falar para organizações. Por que? Pela mesma causa de quando um quer juntar todas as formigas, não as agarra de uma a uma, mas vai ao formigueiro e as agarra ali. (Peron 1973, p. 74)[4]

Perón soube explorar as frustrações e combatividade que caracterizavam o movimento sindical na construção de uma alternativa hegemônica viável para o capitalismo argentino, promovendo um tipo de desenvolvimento econômico baseado na integração social e política da classe operária. Isso supunha um Estado Benfeitor, que proclamava os "direitos civis econômicos" da classe trabalhadora, enquanto criava e fortalecia as relações de produção capitalistas. Entretanto, o peronismo foi definido por seus adeptos como um movimento de oposição política e social, de negação do poder, símbolos e valores da elite dominante.

Se o Estado expressa a relação de força entre as classes, durante o peronismo, podemos ver como a classe operária ocupou diversos espaços de poder concebendo e exercendo uma política própria. Quando Perón é derrotado também se tenta deslocar o movimento operário dos espaços conquistados, o que leva esse sublinhado é original.

Política operária não é sinônimo de política revolucionária, razão pela qual a política operária pode conviver, sem conflitos, com o capitalismo. Entretanto, essa mesma política operária tende a radicalizar-se, já que, uma vez atendidas as reivindicações básicas, as que se seguem começam a contradizer a ordem em que estão inseridas.

Por um lado, a retórica peronista pregou e a política oficial procurou, cada vez mais, a identificação da classe trabalhadora com o Estado, o que pressupunha a passividade desta como classe. A visão oficial se expressa no discurso idílico de Perón: "de casa para o trabalho e do trabalho para casa", pedia aos trabalhadores. Essa rotina seria quebrada apenas pelo desfrute nos hotéis oferecidos pelos sindicatos nas férias. O movimento sindical, já depurado de seus dirigentes mais radicais, impregnou-se de um espírito reformista fundamentado na convicção de que era preciso chegar a uma conciliação com os empregadores e satisfazer as necessidades dos afiliados, mediante o estabelecimento de uma relação íntima com o Estado. Esta relação supunha um compromisso por parte dos dirigentes sindicais, com o objetivo de controlar e limitar a atividade da classe trabalhadora den-

---

4. O movimento e suas bases a radicalizarem nos enfrentamentos, de maneira a manter suas posições.

tro dos limites estabelecidos pelo Estado. Os dirigentes sindicais funcionariam, assim, como uma espécie de canal político entre o Estado e a classe trabalhadora.

Entretanto, o período peronista legou à classe operária um sentimento muito profundo de solidez. A legislação trabalhista, bem como a que se referia ao bem-estar social refletiu, em seu conjunto, a mobilização dos trabalhadores e a consciência de classe e não apenas a aceitação das "bondades" do Estado. A sustentação de um movimento sindical centralizado e massivo confirmou a existência dos trabalhadores como força social dentro do capitalismo. Assim, no movimento sindical, por mais que uma cúpula cada vez mais burocratizada fosse porta-voz do Estado, as bases operárias não se mostravam passivas. Ao contrário, defendiam o desenvolvimento de uma cultura que afirmava os direitos do trabalhador dentro da sociedade em geral e no lugar de trabalho, em particular.

A ambiguidade que caracterizou o peronismo provocou tensões consideráveis. James observa:

> No último término poderia se dizer que a principal tensão centrou-se no conflito entre o significado do peronismo como movimento social e suas necessidades funcionais como forma específica de poder estatal. (James 1990, p. 58)

Acreditamos que a principal tensão teve origem na escolha entre duas estratégias: fazer do peronismo mais uma forma de domínio burguês ou transcender essa ordem, assumindo uma política revolucionária. No período que se segue ao afastamento de Perón, a Resistência Peronista, veremos germinar as duas estratégias, expressas embrionariamente até então.

O começo do fim do governo peronista

Já no começo do segundo governo de Perón começam a alinhar-se os fatores que o levariam à sua queda.

O peronismo supunha um equilíbrio débil: na figura de Perón é que se sustentava a aliança. Por isso, se fazia indispensável a reforma do artigo 77 da Constituição de 1949, para viabilizar a reeleição. Na Convenção Constituinte o peronismo havia obtido 66% dos votos, o que permitia um manejo completo dos acordos. Tudo estava sob controle, até que se pôs em discussão o artigo 77: a reforma era inaceitável pelos demais partidos. Ante a aprovação, os representantes do radicalismo retiraram-se do plenário, numa atitude clara de enfrentamento.

O golpe passou a ser a única saída para os partidos de oposição, incapazes de vencer o peronismo pelas vias eleitorais.

Por outro lado, em 1953, agravaram-se os conflitos entre sindicatos e empresários. Perón declarou-se neutro; ou seja, o governo não respaldou as reivindicações operárias e a CGT não apoiou as greves parciais dos sindicatos, ao mesmo tempo em que entidades empresariais acentuavam a necessidade de aumentar a produtividade do trabalha como único caminho para aumentar salários.

Na realidade não se tratava de aumento, mas, sim, de correção salarial, tendo em vista a escalada inflacionária. Porém, apesar disso, ocorria uma redistribuição de receitas a favor dos industriais. Em 1949, os trabalhadores haviam atingido o teto de 53% do salário nacional. E nunca mais chegariam a um coeficiente parecido. Pior: a tendência era de declínio.

A CGT e a CGE promoveram um encontro no *Consejo Deliberante* denominado *"Congreso de la Productividad"*, na tentativa de manter a "paz social", que foi o eixo da proposta peronista. A CGT queria evitar uma onda de reivindicações salariais, o que já não conseguia, entretanto.

Horowicz observa:

> A possibilidade de que o movimento operário e lós empresários conseguiram, sob métodos parlamentares, um acordo de preços e salários (o que na prática se traduziria em congelamento voluntário do ingresso operário), resultava ilusória. Para conseguir um acordo semelhante, o governo teria que estar em outras mãos. Quando o General Lonardi se tornou a cargo do Estado — ainda que não expressara a Revolução Libertadora em sua versão definitiva — o salário operário se acomodaria nos elevadores exigidos pelo Congresso da Produtividade. (J. Horowicz 1988, p. 189)

Então, quase todas as peças estavam em seu lugar: os partidos políticos tinham claro que não podiam derrotar eleitoralmente o peronismo e os empresários sabiam que o peronismo não permitia a entrada do capital norte-americano em larga escala (tinham como referência a batalha pela situação petroleira). A isso se somava a incapacidade do regime, de impor a "disciplina social" ao movimento operário. O aparato sindical, embora esclerosado, seguia defendendo os interesses imediatos dos trabalhadores. Perón podia reprimir uma greve ou manter-se neutro em assuntos salariais. Mas não ousava atacar de frente a sua base social.

Por isso nem os partidos nem os empresários tiveram motivos para defender o governo. Pelo contrário, estavam interessados em derrubá-lo, realinhar-se com os sindicatos e restabelecer seu domínio político. O golpe era, consequentemente, a política unitária. (J. Horowicz 1988, p. 189)

Nesse quadro também se destacam os conflitos de Perón com a Igreja. Horowicz comenta:

> O presidente se lançou a uma batalha frontal: promoveu uma lei de divórcio enquanto propunha separar a Igreja do Estado, isto é, modificar o artigo da Constituição onde se afirmava que a religião do Estado era a Católica Apostólica Romana e, em consequência, o culto — seus integrantes e dignitários — recebia estipêndios públicos; isso equivalia a separar os capelães do corpo de oficiais. (J. Horowicz 1988, p. 191)

Essas medidas, juntamente com o voto feminino e o divórcio, são propostas democráticas que qualquer governo burguês radical pode levar a cabo. Porém, na Argentina, serviram para irritar alguns setores das forças armadas, dividindo-as. A divisão criou o ambiente propício ao golpe, que se expressou na forma de guerra interburguesa.

Em relação a tentativas anteriores, a de 16 de junho de 1955 constituiu uma verdadeira batalha. Às 10h30 da manhã, o vice-almirante Toranzo Calderón inicia o ataque. Três aviões bombardeiam a Casa de Governo e o Ministério de Guerra. Uma bomba atinge o objetivo (a casa Rosada) e outra alveja um troleibus, matando todos os seus ocupantes. Perón se salva por não estar na Casa de Governo. Os sublevados estabelecem seu comando no Ministerio de la Marina. Porém, sem conseguir o apoio de sua Arma, são cercados por tropas do Exército. Os soldados da Infantaria, que deveriam vir da Ilha Martín Gacía em defesa dos insurretos não vieram. Às 17h40, Toranzo Calderón é preso. Entretanto, às 18h15, ainda se tenta um último ataque com 38 aviões que logo fogem para Martín García. Saldo da batalha: 300 civis mortos e centenas de feridos.

Embora a CGT tenha se mantido à margem dos enfrentamentos, o mesmo não aconteceu com as massas que se acotovelaram na sede da central sindical, de onde partiram para incendiar a Curia Eclesiástica da Capital Federal, uma dezena de igrejas. Na biblioteca eclesiástica queimaram-se 80 000 volumes enquanto os manifestantes entoavam cantos anticlericais.

Aqui, novamente vemos a expressão da ambiguidade política dentro do peronismo. No dia seguinte, o governo convoca a Plaza de Mayo. Perón discursa: "nós não estamos pregando a luta, nem a guerra, estamos pregando a paz. Não queremos matar a ninguém, não queremos prejudicar a ninguém."

Estava anunciando que não combateria mediante a mobilização das massas. Perón defendia uma política, uma maneira de lutar; as massas peronistas defendiam outra. Por um lado, enalteciam-se os "descamisados", e se lhes dava um lugar central na sociedade e no Estado. Porém, eles eram dispensados, quando apareciam no lugar e no momento em que se disputava o poder, mostrando sua disposição de também assumir a forma pela qual o enfrentamento se dava: em caráter armado. Perón criou uma força sobre a qual já não exercia controle. A forma de expressar fidelidade à sua figura ia além dos limites que o capitalismo estava disposto a tolerar.

A ação da Marinha mostrou que o equilíbrio estava quebrado. Se os partidos políticos, fundamentalmente o radicalismo, sustentassem o caminho democrático, Perón podia isola-lo por meio do Exército, enquanto neutralizava a Aeronáutica. O problema era que a Marinha representava a decisão do conjunto da oposição.

Perón se encontra em frente a uma encruzilhada: deixar nas mãos do exército o combate à marinha ou mobilizar as bases operárias, que já haviam demonstrado sua disposição ao combate. A primeira opção era arriscada, já que ao deixar tudo liberado à vontade do exército, este somente deveria eliminar o fator de perturbação. E o fator de perturbação militar era Perón. A outra opção era mais arriscada ainda, já que as massas haviam mostrado ao que estavam dispostas, e Perón não era um líder revolucionário que resolveria os conflitos interburgueses com armas em mãos dos operários.

Horowicz analisa da seguinte maneira os acontecimentos:

> Para que o poder de resolução se mantivesse na Casa de Governo, Bonaparte deveria abandonar seu traje de Bonaparte, porque o cenário não estava disposto para nenhuma representação desse teor. Entretanto não podia vencer como Bonaparte; nesse caráter estava vencido, já que o que devia conciliar era inconciliável. Então, só lhe restava assumir-se como chefe de uma fração. Tampouco podia escolhê-la, posto que o Exército não o seguiria nessas condições como líder indiscutido. Para voltar a ser Comandante Chefe das Forças Armadas deveria derrotar os insurgentes, para derrotar os insurgentes deveria mobilizar sua fração incondicional e responder ao atentado terrorista da Marina com terrorismo em massas, esse terrorismo instintivo que se anunciava na queima de Iglesias e que Perón rechaçou. (J. Horowicz 1988, p. 195)

Do outro lado a política que expressa em sua ação, as massas que cantam "a vida por Perón!" e mostram que isso não é apenas retórica. Miguel Bonasso nos comenta

> Nas primeiras horas da tarde, o Secretário Geral da CGT fez um chamado à mobilização e um novo fenômeno sacudiu as consciências dos curiosos, dos abúlicos e também de alguns opositores: os operários foram abandonando as fábricas e empreenderam uma marcha temerárias para a central dos trabalhadores. As escassas testemunhas não podiam crer no que estavam vendo: largas fileiras de todo tipo de veículo iam transportando a mesma gente que havia produzido no 17 de outubro. Cantavam a Marcha peronista e levantavam contra o céu o pouco que tinham em mãos: uma pistola 22, uma escopeta, um pau ou simplesmente um punho ameaçador. Era um exército heterogêneo, uniformizado pelas roupas de trabalho. Os fiéis iam se agrupando em frente ao edifício da CGT. Dali partiam grupos à praça. O Exército tratava de impedir que se mobilizassem. "Se necessário, os chamaremos", vociferava um capitão às colunas que se iam formando na rua Azopardo. Tinha seguramente na cabeça o fantasma das milícias operárias [...] As armas que Evita havia entregado antes de morrer aos dirigentes da CGT, haviam ido parar nos arsenais da Gendarmería. (Bonasso 1994, p. 38)

Capítulo 4

1955: O Peronismo expulso do poder do estado

Sentado na borda de uma cadeira sem fundo, mareado, quase vivo,
Escrevo versos previamente lamentados pela cidade onde nasci.
Tem que apanhá-los, também aqui nasceram meus doces filhos
Que entre tanto castigo te adoçam belamente.
Tem que aprender a resistir.
Nem a ir-se, nem a cair-se, a resistir
Ainda que seja certo
Que não haverá mais dor e sofrimento.

Juan Gelman

TENHO UMA LEMBRANÇA CLARA que mostra a cultura de resistencia que foi se construindo na Argentina. Meu avô materno, Eugenio Samuel Ferretti, era um daqueles peronistas fervorosos. Tinha sido operário, e se aposentou cedo por ter tido trabalho considerado de risco a vida inteira. Tinha formação apenas de primeiro grau, em escola religiosa. Mas lia três jornais por dia, um de esquerda, outro de direita e outro de centro. Lembrava sempre o bombardeio da praça de maio, ele tinha participado. Como declaração da sua resistência tinha uma foto de Perón e Evita do lado de dentro da porta do guarda-roupa, com umas folhinhas de trigo como "oferenda". Lembro até hoje como ele se orgulhava de seu peronismo e como se sentia enfrentando ao governo com este singelo sinal de resistência.

A resistência peronista

Em setembro de 1955 finalmente o Golpe vence. O general Eduardo Lonardi assume a presidência, criando um *interregno* entre o governo peronista e o que seria a versão definitiva da Revolução Libertadora. Esta fração admitia que o peronismo conservasse o controle dos sindicatos, com a condição de que fossem depurados, ficando somente aqueles líderes sindicais que aceitassem os limites do governo, restringindo sua atividade à representação dos trabalhadores.

Por isto tenta uma aproximação com os sindicatos, observando-se um crescente espírito de conciliação tanto do lado do governo como da central sindical. Simbolicamente, a CGT aceita considerar o 17 de Outubro — data decisiva na cultura peronista — como um dia de trabalho normal e, também, aceita entrar em um processo de eleições. A direção da CGT, para ajudar a situação, renunciou e designou em seu lugar a um triunvirato provisório constituído por Andres Framini, do grêmio textil; Luis Natalini, da Luz y Fuerza; e Dante Viel dos Empleados Publicos.

Perón, no momento do Golpe, promoveu a passividade operária, pela qual os trabalhadores, apesar de diversos sindicatos terem solicitado armas para defender seu governo, não conseguiram assumir a defesa efetiva do mesmo. Hugo Di Prieto, secretário geral da CGT, expressa a tensão existente entre o estado de ânimo das massas e a política de Perón. No momento do golpe declarou que "cada trabalhador lutará com as armas na mão e com aqueles meios que estiverem ao seu alcance". No dia seguinte, o mesmo dirigente exortou os trabalhadores a permanecer em calma denunciando a "alguns grupos provocadores que pretendem alterar a ordem" (Critica, 19 e 21 de setembro de 1955. Citado por James 1990, p. 70).

Apesar de que, tanto de uma parte da direção gremial como do governo, se quisesse encontrar um modo de convivência entre os sindicatos e o regime, isto não conseguiu estabelecer-se. Em 6 de Outubro se firmou um pacto entre as partes, pela qual a CGT e o Governo se comprometiam a celebrar eleições em todos os sindicatos em um período de 120 dias, designando interventores em todos aqueles sindicatos que se encontrassem em uma situação irregular, especialmente os ocupados por antiperonistas. Mas as bases, *tanto de uns como de outros,* pressionavam e atuavam fora e contra este acordo.

Os sindicatos peronistas haviam sido ocupados por "comandos civis" armados[1], que impediam que os interventores designados pela CGT levassem a cabo as eleições. Exigiram do governo que abandonasse sua política de conciliação, colocando como condição que os estatutos de cada sindicato fossem previamente aprovados pelo Ministério do Trabalho.

Por outro lado, se decretou que se despojaria de sua autoridade todos os líderes sindicais, designando três interventores por sindicato, enquanto se desenvolvia o processo eleitoral, nomeando, além disso, um administrador de todos os bens da CGT. Os dirigentes peronistas responderam com um chamado à greve geral, que conseguiu ser freada no último momento, pela intervenção dos setores mais conciliadores do governo.

Esta crise convenceu a ala mais tradicional e liberal do governo, que somente o afastamento de Lonardi e os setores nacionalistas católicos, partidários da concialiação, faria possível o desmantelamento das condições de existência do populismo. Em 13 de Novembro assumiu a presidência o General Aramburu, expressão da fração liberal e antiperonista do Exército.

Como os ataques aos sindicais locais continuavam, e ainda que a CGT reiterasse os pedidos ao novo presidente, no sentido de manter o Pacto de 6 de Outubro, declarou-se, em 14 de Novembro, uma greve geral por tempo indeterminado. Nesse mesmo dia o governo declarou ilegal a greve e dois dias depois interviu na CGT e em todos os sindicatos.

A partir desse momento, realmente começa a Revolução Libertadora, expressando uma violenta mudança na relação de forças, já que se expulsou do âmbito da cidadania a classe trabalhadora, mas sua política foi muito além, já que dirigiu-se a desintegrar a base que havia permitido o surgimento do peronismo: sua estrutura sindical e sua base no exército.

Ao retomar a iniciativa, a fração liberal do exército reconfigura sua política.

A reformulação dos objetivos e das hipóteses de guerra desde 1955, mas sobretudo depois de 1959, que converteu o Exército na

---

1. Esses *"comandos civiles"* éram expressão de diferentes frações. James aponta:

> Ao final de setembor, locais dos sindicatos de gráficos, bancários, trabalhadores da industria de petroleo, e trabalhadores da carne e da vestimenta haviam sido abandonados pelos peronistas frente aos ataques de grupos antiperonistas armados. Esses grupos, conhecidos como *"comandos civiles"*, consistiam prncipalmente em ativistas socialistas e do *Partido Radical*. Tinham desempenhado um papel importante na rebelião contra Peron e se consideravam como uma milícia civil que serviria de garantia contra qualquer resurgimento peronista. Nesse papel, tenderam a receber apoio de setores das forças armadas para os ataques aos locais sindicais. (James 1990, p. 70)

garantia de ordem econômica e social, permitiu aos militares argentinos encontrar, por fim, uma missão de alcance internacional. Os epígonos da Guerra Fria e o surgimento da Doutrina de Segurança Nacional. Os militares argentinos, denominados em seguida "os colorados", identificaram o inimigo interno com o peronismo e o comunismo. A Igreja desses anos também se submeteu à luta contra o perigo comunista. Monsenhor Antonio Caggiano, cardeal do país chegou a dizer "a defesa do mundo ocidental substitui a defesa nacional." (Seoane 1991, p. 42)

Se "retirou" do exército mais de 1000 oficiais, reincorporando ao redor de 100 e teve início uma ofensiva brutal contra o movimento sindical e popular em geral; que se expressou na intervenção de sindicatos, na demissão de dirigentes sindicais, na proscrição da atividade política e quando foi necessário, nos fuzilamentos[2].

Juan Carlos Marin declara:

> Desde esse momento se lança um processo de aberta e encoberta repressão e proscrição política à maioria da classe operária, a cargo das diferentes frações da burguesia que detém alternativamente o controle do aparato estatal ou a condução política do peronismo.
>
> A classe operária teve, na prática, que enfrentar um processo de dupla proscrição: a política do regime e de seu partido [...] não estava apenas proibida a expressão política da grande maioria da classe trabalhadora, mas também os quadros políticos dirigentes do movimento peronista se constituem como repressores de toda tendência que na ação mobilizasse os setores operários além do domínio burguês do regime institucional. (Marín 1984)

O processo de proscrição põe à prova a condução burguesa do peronismo, ao ter que cumprir a dupla tarefa de outorgar a essa aliança uma política estratégica e tática, em momentos de uma forte luta interburguesa.[3]

---

2. Nos lixões de José León Suarez, Arambu foi responsável pelo fuzilamento de 27 civis e militares peronistas.

3. Miguel Bonasso é muito expressivo quando comenta:

> As vezes acontencia que um homem era duplamente *proscrito* e seu coração escorria ódio em duas direções. O haviam perseguido os milicos e a *patronal*, mas também os dirigentes de seu sindicato. O regime não só empunhava o porrete. As grades estavam reservadas para os peronistas "maus". Os peronistas "bons" podiam chegar a

Em resposta à proscrição, os quadros operários sindicais e políticos sustentaram uma frente de luta para fora do movimento no que se considerava a contradição fundamental — desde a ótica burguesa e assumida por estes quadros operários — peronismo-antiperonismo, e outra frente que estava definida pela política de converter-se na fração dominante dentro da aliança a qual estava incorporada.

Alejandro Horowicz, analisando este momento, comenta:

> Com os grêmios em estado de liquefação, com os edifícios sindicais nas mãos do inimigo de classe, com a maior parte dos corpos de delegados demitidos, destruídos ou encarcerados, as pessoas começam, inorganicamente, apesar da direção sobrevivente e contra ela, a se reagrupar fora da fábrica, porque a fábrica é território inimigo. O bairro, a própria casa, se constituíram no último refúgio do peronismo. Antes um retrato proibido de Perón e Evita se congrega a massa dispersa. Surge um novo tipo de militante: o burocrata sindical da primeira parte dos 50, que servia para conseguir melhores férias ou uma cargo melhor retribuído, se perde; um ativista ilegal, clandestino, nasce. Porque a libertadora ilegaliza o peronismo, este recorre à violência terrorista, todos os caminhos estão fechados. (J. Horowicz 1988, p. 42)

O fato da luta ser ilegal outorga um caráter um tanto ambíguo, já que sua subordinação a uma condução burguesa se põe muitas vezes em contradição com a dinâmica do processo: se começam a usar formas armadas no enfrentamento com o antiperonismo, o que vai outorgando certa autonomia ligada a uma política crescentemente classista, como estratégia operária e não revolucionária.

A amplitude da resistência oferecida pela militância peronista de base ao golpe contra Perón, e a dureza da resposta a essa resistência determinaram o rumo dos acontecimentos nesses meses. Não obstante, a disposição à negociação mostrada por Di Prieto, a reação inicial de descrença estupefata ante a renúncia de Perón logo cedeu seu lugar a uma série de manifestações espontâneas nos distritos operários das principais cidades. Em Buenos Aires, por exemplo, o exército fez fogo contra uma numerosa manifestação que procurava chegar ao centro da Capital Federal e muitos de seus integrantes ficaram feridos. Também se informou sobre muitos disparos de armas pequenas na área de Avellaneda. Foi preciso enviar a

ser deputados e milhonários. (Bonasso 1994, p. 256)

Ensenada e Berisso fortes contingentes de reforços para ocupar todas as posições estratégicas e pontos de acesso às cidades. (*La Nacion* 1955)laNacion26
James comenta:

> Rosário, chamada "a capital do peronismo", apresentou as mais sérias dificuldades às forças armadas. Já o *The New York Times* de 24 de setembro informou sobre veículos blindados que abriram fogo contra as manifestações operárias, e a agência Reuter falou sobre vários mortos nesses acontecimentos. Essas versões foram sem dúvida exageradas, posto que dias depois se informou de um número de baixas muito menor, porém não há dúvida de que em Rosario, em meio a uma forte tensão, houve considerável resistência às novas autoridades. Em efeito, desde o 18 de setembro, [...] a cidade estava paralisada. Desde então, até o 23 de setembro houve incessantes manifestações no setor central, de onde chegavam os trabalhadores do setor industrial, sobretudo desde os grandes frigoríficos da zona sul. Pela noite se ouviam constantes disparos de armas de fogo e detonação de bombas. Todas as fábricas estavam paralisadas. (James 1990, p. 77–78)[4]

Além disso, o Regimento de Infantaria que tinha sede em Rosário, sob responsabilidade do General Iñiguez, era leal a Perón. Somente sete dias depois, quando as tropas de Santa Fe e Corrientes foram enviadas para reprimir, é que o Governo começou a recuperar o controle sobre a cidade. "No 24 e 25 houve sérios combates de rua em que se utilizaram bondes e automóveis como barricadas".[5]

Os trabalhadores das oficinas ferroviárias declararam uma greve geral à que se juntaram os operários dos frigoríficos e outros estabelecimentos industriais. No 27 ficaram suspensos todos os serviços de trens e ônibus entre Rosario e Buenos Aires. Somente quando o exército ocupou fisicamente todo o centro da cidade e declaroou toque de recolher — as tropas abririam fogo contra qualquer pessoa que estivesse nas ruas depois das 20 horas — foi restabelecida a ordem.

O restabelecimento da autoridade do governo não terminou com a resistência das bases peronistas. Durante todo o mês de Outubro, ao intensificar-se a batalha pela possessão dos sindicatos, houve greves, não iniciadas nem conduzidas

4. Aqui está transcrevendo uma entrevista a *Belloni Alberto*, de 24 de Janeiro de 1974. Nesse momento Belloni trabalhava no porto de Rosario.

5. James aqui está citando novamente o jornal *New York Times* de 25 de Setembro de 1955. Segundo este autor, este diário é uma das melhores fontes da época.

pelos dirigentes sindicais, em protesto contra os ataques dos comandos civis e o crescente número de detenções.

Um ativista da Resistencia testemunha:

> Os trabalhadores em mudança rugiam de indignação e se encontravam particamente em pé de guerra, dispostos a lançar-se à luta em qualquer momento [...] Rosario dava a sensação de uma cidade ocupada pelo inimigo em meio à uma atmosfera de surda rebelião próxima a explodir. (Vigo 1973, p. 54)

No final de Outubro temos os perfis dos embriões do que será a Resistencia Peronista e o que será o enfrentamento brutal pela condução deste movimento. As bases já vinham desenvolvendo o que consideramos esta "dupla frente de luta" desde as origens do peronismo, mas neste momento este enfrentamento se aprofunda cada vez mais.

Apesar de que a direção da CGT aceitou a ordem do governo de considerar o 17 de Outubro um dia de trabalho normal, vários setores peronistas canalizaram neste dia simbólico sua disposição a lutar pelo que consideravam próprio, realizando uma greve contra a ordem de seus dirigentes. O jornal The New York Times calculou que o absenteísmo nesse dia foi de 33%. Todos os portos ficaram paralisados e tropas de marinheiros patrulharam infrutuosamente as zonas portuárias em busca de trabalhadores ociosos para obrigá-los a retornar ao trabalho. (James 1990, p. 79)

O mesmo aconteceu com a greve convocada, e logo suspensa, do dia 3 de Novembro. Nesta ocasião foram detidos vários militantes (a CGT declarou que foram 25 000).

O significativo deste processo é que começou de forma esponânea, instintiva, confusa e acefalamente. Os dirigentes sindicais não podiam, na prática, garantir o cumprimento dos pactos com o Governo, já que as bases iam além de seu controle, assumindo uma prática política diferente. Não estavam dispostas a aceitar passivamente a renúncia de Perón, pelo que lutavam com todos os meios disponíveis.

James cita um ativista de base da época:

> Na realidade tudo se dá num processo lento, embrionário e gradual que surge das mesmas bases do movimento operário e que não é dominado pelos velhos burocratas, mas tampouco consegue consolidar na direção nem mesmo local em Rosario nem mesmo nacional. [...] na realidade é um pouco como ilhotas. Porque eu recordo que

> nós, os homens de ate em Rosario começamos a formar uma agru-
> pação semi-clandestina, a maioria eram jovens que não haviam tido
> participação antes de 55 e à parte tínhamos muito pouca vinculação
> com outros grêmios. Recordo que além de reuniões em casas par-
> ticulares a única comunicação com outras pessoas de grêmios que
> tínhamos era com vinícolas, UTA, ATE de Puerto Borghi e madeira.
> (James 1990, p. 94)

Estas lutas espontâneas são um indicador de que certas relações sociais foram abaladas, e tentava-se impor outras.[6]

Embrionariamente estavam expressando uma determinada vontade de combate, no que se incorporam elementos que potencializam a capacidade de enfrentamento: as armas materiais.[7]

Os atos de sabotagem, o lançamento de bombas molotov, as armas que se portavam na mobilização de Junho de 1955 (na fracassada tentativa de golpe, por parte da marinha), vão expressando o tipo de defesa a que as massas estavam dispostas, de uma territorialidade considerada própria. James comenta:

> Em 1956 também se intensificou o emprego de bombas contra
> objetivos militares e edifícios públicos. Essa forma de ação exigiu
> uma execução planejada e certa experiência na fabricação de arte-
> fatos explosivos. Atos como a colocação de uma bomba na fábrica
> militar de Villa Martelli e o atentado contra o depósito de Armas do
> Colégio Militar deveriam ser minuciosamente planejados e contar
> com um mínimo de organização de apoio. Isso se acentuou parti-
> cularmente devido à índole do processo de fabricação de bombas.
> Nesses anos se utilizava muito pouca dinamite, por essa ser extre-
> mamente difícil de obter em Buenos Aires; a maioria das bombas
> consistiam em artefatos rudimentares feitos de substâncias químicas

6. Entendemos por movimento espontâneo ou semi-espontâneo aqueles processos de luta social que se definem por não contar com a presença de uma condução política de caráter antagônico, mas nos quais se pode estabelecer certas sequências de processos sociais. Ver a respeito Marín (1981, p. 115–135)

7. Lenin, quando descreve os estados de consciência em *Que hacer?*, elaborando o processo de passagem do instinto proletário e a consciência socialdemocrata, pelo primeiro Lenin entendia a forma embrionaria em que a consciência burguesa começa a estabelecer crise no seio do proletariado: "começavam, não direi a compreender, mas sim a sentir a necessidade de opor resistência coletiva e rompiam decididamente com a submissão servil às autoridades" (Lenin 1960, p. 382) recuperando a experiênca coletiva de classe, acumulada, "recorrendo aos primeiros meios de luta que encontram ao alcance de sua mão." (Lenin 1960, p. 395)

básicas dentro de capacetes improvisados. Eram conhecidos como "canos" e chegaram a formar parte da mitologia da Resistência. (James 1990, p. 115)

Devemos pensar que, em momentos de clandestinidade, fabricar-se este tipo de bombas implicava toda uma série de procedimentos que incluíam pelo menos seis pessoas: desde a compra ou roubo dos produtos químicos (em famácias e drogarias) à preparação caseira das mesmas. Este tipo de prática impedia a constituição de uma elite burocrática que centralizasse a ação: esta tinha um caráter microfísico, atomizado, tendendo a construir poder. Esta, que se constituiu na única maneira de luta contra o regime, já que os canais institucionais tradicionais estavam fechados, foi construindo na própria prática política uma estratégia de enfrentamento na qual a força material principal estava dada pela força moral que o campo popular tinha.

Perón, em uma das diretrizes enviadas do exílio, comenta:

> Não tinha me equivocado ao confiar no instinto e sentido político das massas. Eles superaram os dirigentes, assinalaram o caminho, e sem sua vontade, nenhuma ação é possível. As massas em nenhum momento foram vencidas [...] Os dirigentes não estiveram em muitos casos à altura de nossa missão. Sendo essa hora de decisões, os dirigentes devem surgir espontaneamente das massas e sua autoridade se afirmará nos feitos. A prisão dos dirigentes não deve ser uma dificuldade para a direção, já que novos homens devem substituí-los. (Peron 1988, p. 47)

Em uma carta de John William Cooke[8] a Perón em 14 de novembro de 1955, numa parte do informe apresentando sob o subtítulo Armas, diz o seguinte:

> Enquanto não havia uma perspectiva insurrecional, sou inimigo de fazer uma distribuição de armas, se houvesse qualquer, é claro. Porém necessito entregar algumas a grupos clandestinos e gremistas que têm a seu encargo tarefas importantes. Durante as greves recentes, frequentemente faltou dinheiro para comprar os materiais que levam os coquetéis molotov. Além disso, os que realizam tarefas de sabotagem frequentemente vão sem um alfiler para se defender.
>
> Não é necessário muito, porque somente seriam entregues armas aos mais valorosos. Mas me fazem falta 5 metralhadoras leves e

---

8. John William Cooke era o delegado perssoal de Perón en este período.

25 pistolas 45. Eu tinha isso arranjado com M, com quem introdu-
zimos muitas metralhadoras, mas somente ele conhece como fazer
que essas armas sejam entregues. Além disso, o que mais se requerem
são pistolas, que M não tem em quantidade. (Cooke 1984, p. 31)

A prática política que vão desenvolvendo vai aprofundando a confrontação
entre as classes e a própria condução burguesa da mesma. A mesma ação os vai
levando a outras formas de aliança e a uma confrontação com as frações mais
reacionárias do seu movimento. John William Cooke expressa:

Nem os movimentos nacionais tiveram de comunizar, nem os
comunistas se fizeram burgueses. O que acontece é que a possibilidade concreta da luta pela libertação faz com que cedam os atrinche-
ramientos dogmáticos e os combatentes ativos encontrem, na luta
concreta, pontos de coincidência fundamentais que não apareciam
na ação política do tipo clássico. (Cooke 1984, p. 219)

O que é que está surgindo? Qual é o objetivo destes fatos que se situam entre atos de desobediência civil e enfrentamentos armados? O que temos como
registro da realidade é uma sucessão, uma trajetória de enfrentamentos, a princípio isolados e heterogêneos que vão golpeando de diferentes maneiras e com
diferente intensidade a ordem na qual se inserem. Acreditamos que esta trajetória vai construindo uma estratégia de enfrentamento que vai exigir dos dirigentes
correr atrás dos tempos políticos que as massas estão definindo.

Neste jogo de forças, Peron e as lideranças sindicais tentam, conseguindo
muitas vezes, "encorsetar"[9] o movimento popular. Mas como sua própria política é ambígua, os efeitos que produzem os golpes conduzidos não são sempre os
esperados.

Perón tenta usar a violência popular, já que apesar de haver tentado freiá-la
e controlá-la no começo da Revolução Libertadora, esta se desencadeou a margem de sua vontade. Em todos os anos de proscrição uma parte considerável dos
"slogans" da resistência orbitava ao redor de *"Perón vuelve"* e radicalizavam-se.
A pergunta que surge é se Perón em Caracas e John Wiliam Cooke em Chile realmente conseguiam controlar tanto como expressavam em suas correspondências
as decisões que suas bases tomavam e executavam na Argentina.

9. Refere-se ao ato de colocar dentro ou sob controle. (N.T.)

O caráter social das armas

Os subsídios que o estudo do período da resistência peronista oferecem nos deixam à vontade para descartar qualquer análise fetichista das armas materiais. Os instrumentos — neste caso, as armas — não têm, em si, poder de explicar nada e não são elementos da causalidade, mas, sim, resultantes de um processo.

Marín, contestando o enfoque "tecnologicista", observa:

> O que são as armas para um camponês na China, durante a Longa Marcha? Ele era capaz de transformar um pedaço de bambu, ainda verde, numa arma. Primeiramente, essa não havia sido contabilizada dentro de "as armas". Entretanto, quem tem a capacidade de outorgar-lhes o caráter de arma a qualquer coisa? É claro, o que essas coisas são no campo das leis naturais terá importância, mas não é o determinante para constituí-las armas. [...] Assim como se produziu a crise do fetichismo da mercadoria, é necessário produzir a crise do fetichismo das armas. Uma pessoa, nas invasões inglesas no Rio de la Plata em 1806 e 1807 transformou o óleo com que cozinhava todos os dias em uma das armas mais importantes, com só arremessá-lo fervendo ao inimigo. O óleo levava intrinsecamente em seu âmago essa capacidade infinita de ser uma arma mortal? Seria ingênuo pensar isso. Pode-se afogar uma pessoa com o mesmo líquido que sacia sua sede. (Marín 1981)

Não são as armas que determinam a exacerbação da lutas de classe nem a entrada num processo de guerra; são, isto sim, as relacões sociais que as portam, é a existência de corpos com essa disposição ao combate. Os instrumentos se incorporam como resultante, o fundamental é o processo social que sustenta o momento de luta. Os instrumentos tornam mais efetiva a reprodução ampliada desse conjunto de relações sociais.

E quais são as armas desses militantes clandestinos que deram forma à Resistência Peronista? O que os teria levado a cometer atos de sabotagem, arriscando a própria vida? São as garrafas com que faziam seus coquetéis molotov? São os "caños"? Não. O que os impele é a força moral. São as armas morais as que constroem a trama de relações sociais, que, por sua vez, sustentam as armas materiais. É a convicção política de que o que estão fazendo é justo e se inscreve em uma luta global: eles continuam se sentindo parte de uma aliança. A revolta de Valle, em 1956, ainda que derrotada, com a morte de todos os participantes, reforça essa noção de aliança, atestando a força moral: há outros, que, com outras armas e adotando diferentes formas de luta, batem-se, todavia, pelo mesmo objetivo.

Governo de Frondizi

Apesar de Perón ter sido contundente em sua carta a John William Cooke, datada de 22 de novembro de 1957, onde afirma que não participaria das eleições convocadas por Aramburu, acaba firmando um acordo com Frondizi, apoiando-o.

Na carta, Perón explica sua determinação de não participar do pleito por acreditar que

> Ganhará as eleições de fevereiro quem a ditadura quiser porque as fraudarão à medida que as circunstâncias necessitassem e voltaremos como agora a poder dizer que nos foi feita uma fraude, como se isso fosse uma novidade, depois da fraude escandalosa que representa a declaração, fora da lei, do partido dominante. Se reconhecemos que farão uma fraude, para que concorrer à eleições que de antemão sabemos que serão fraudulentas?
>
> [...] Aqui não há outra solução a não ser tornar-nos firmes e não dar um escape legal para a ditadura fechando-lhe o único caminho que fica que é o da simulação, não podemos deixa-lo simular. Para ele existe uma só linha: a resistência ao fundo, a insurreição e a intransigência mais absoluta e definitiva. O povo não tem diante de si senão dois caminhos: a violência e o engano. Eu prefiro seguir na mais absoluta violência a aconselhar o engano. (Carta de Peron a Cooke. Caracas, 22 de novembro de 1957. Citado por Cooke 1984, p. 47–50)

Em outra carta, escrita na mesma época, Perón opina

> A Tirania, fracassada e sem ideais, desintegra-se se debatendo na decomposição ou a anarquia. Esses dois processos avançaram sem se deter. É necessário esperar o momento oportuno para agir. Entretanto, a resistência por todos os meios, em todo momento e lugar, deve ser norma. (Carta de Juan Perón aos companheiros peronistas. Outubro de 1957. Citado por Braschetti 1988, p. 70)

Mas realiza uma aliança com Frondizi.

As condições que Perón impõe são as seguintes: restabelecimento das conquistas nos níveis social, econômico e político, entre elas, a nacionalização dos depósitos bancários; elevação do padrão de vida das classes populares; normalização dos sindicatos e a CGT; reconhecimento do Partido Peronista; e anistia geral — tudo isso nos primeiros 90 dias de governo. Em um prazo máximo de dois anos, Frondizi deveria convocar uma Convenção Constituinte para ocupar-se da reforma geral da Constituição, que declararia a caducidade de todas as autoridades e convocaria eleições gerais sem proscrições.

Frondizi aceita as exigências e chega à Presidência da República.

Um ponto básico do pacto Perón-Frondizi foi a sanção da lei de associações profissionais, em agosto de 1958. Um sindicato único por área de produção permitia maior unidade dos trabalhadores, já que configurava uma concentração do poder sindical.

Frondizi não cumpriu o pacto e começou a fomentar um processo de industrialização baseado na expansão da produção de bens supérfluos, o que implicava distribuição do capital diferente da impulsionada por Perón. A trégua que Perón e os líderes sindicais haviam aceitado lhe dar cessa: apesar da afinidade ideológica que pudessem ter, os ativistas de base começaram a pressionar, usando a arma de que dispunham: a greve.

Durante o peronismo, a substituição de importações assume uma forma "distribucionista", caracterizada pela preferência e proteção que se dá à produção de bens de consumo de massa, o que, entre outras coisas, implica manter um bom nível de salários. Mas durante o governo de Frondizi esta substituição assume posição "conservadora", protegendo capitais destinados à produção de bens de consumo supérfluos, o que, na prática, representa uma forma de distribuição do capital que acentua as desigualdades sociais.

A fração que lidera esse processo é o capital estrangeiro industrial, que propiciou uma grande reestruturação, tanto do empresariado pequeno e médio quanto dos assalariados urbanos.

As pequenas e médias empresas são expulsas do mercado ou forçadas a subordinarem-se a outras. Há concentração e centralização do capital, porém, com desenvolvimento industrial, graças à incorporação de uma tecnologia que, embora obsoleta para os países desenvolvidos, no caso da Argentina, trouxe um grande avanço em termos de produtividade.

Esse capital estrangeiro atenderá, prioritariamente, o mercado interno, dirigindo apenas uma parte da produção ao comércio com as filiais em outros países. (Essa forma se assemelha à adotada na vigência do Plano Pinedo, nos anos 40).

Diante disso, a classe trabalhadora retoma a ofensiva. Em 1959, deflagram-se várias greves importantes, sendo a mais significativa a do Frigorífico Lisandro de la Torre, que começa, nos primeiros dias de janeiro, como um movimento local e acaba desdobrando-se numa "greve geral revolucionária", que se estende a todo o país de 17 a 20 de janeiro. O motivo é a decisão de Frondizi, que, em meio a uma política de privatizações, quer desnacionalizar o frigorífico, colocando-o à venda em uma licitação internacional.

Quando se aprovou a lei das privatizações, uma assembléia de 9 000 trabalhadores resolveu ocupar a planta. Ao se difundir a notícia, as fábricas das proximidades começaram a suspender o trabalho espontaneamente, em solidariedade aos operários do grêmio da carne. Também os comerciários de Villa Luro, Villa Lugano e Liniers cerraram as portas de suas lojas. Dois dias depois, as 62 organizações decretam uma paralisação de 48 horas, ainda em apoio aos operários do frigorífico. Quando, no dia seguinte, aparecem na planta tanques comandados por 1 500 policiais, a resposta, imediata, vem de todo o país. Os demais sindicatos, agrupados em 32 agremiações democráticas, se somam. E as 62 organizações decretam uma greve por tempo indeterminado. James comenta: "tinha-se dito que a direção peronista procurava retomar o controle de uma mobilização que evidentemente a havia surpreendido e ultrapassado." (James 1990, p. 160)

Tudo indica que a decisão foi tomada sem planejamento, já que não se cercou de medidas de segurança. Doze horas mais tarde, Frondizi mandou prender vários dirigentes sindicais (Vador, Mena, Acosta, Eleuterio Cardozo, Alonso) e ocupou, com o apoio da força policial, várias centrais sindicais.

Os dirigentes das 62 organizações que se mantiveram em liberdade suspenderam a greve, numa decisão que provocou grande debate interno, já que os dirigentes das agremiações se opunham à decisão. Os militantes de base não abriram mão de sua posição tão facilmente. Distritos industriais, como Ensenada, Dock Sur, Mataderos, Villa Lugano, Villa Luro, foram ocupados pelos operários durante cinco dias seguidos. Um participante do movimento conta:

> Então se cortou totalmente o iluminado público da zona, se giraram árvores para obstruir as ruas, e aproveitando a pavimentação das mesmas, se levantaram barricadas nas avenidas de acesso e em algumas laterais. Dessa maneira, amparados pela obscuridade total, os grupos combatentes puderam se mover com relativa facilidade durante a noite, e neutralizar a ação inimiga. (Informe publicado pelo Comando Nacional Peronista, grupo clandestino, no *El Soberano Segunda Epoca*, 9 de março de 1959.)

Além disso, a ocupação de bairros e a paralisação prosseguiram em várias fábricas depois que as 62 organizações decidiram ceder à pressão do governo. Rosario permaneceu em greve por três dias mais. A greve do Frigorifico Lisandro de la Torre mostrou, novamente, a extraordinária combatividade da militância de base e a ampla gama de iniciativas que era capaz de tomar espontaneamente.

Houve outras paralisações: dos correios, do Yacimientos Petrolíferos Fiscales (YPF), metalúrgicos, ferroviários e bancários. Estes se mantêm parados durante 69 dias.

O peronismo vai sofisticando sua organização interna, dentro da qual se cria uma das frentes de luta da fração operária do movimento. Ao Comando Nacional Peronista está ligado o Conselho Coordenador e Supervisor do peronismo, entre cujos integrantes se encontram José Benigno Parla e Julio Troxler.

Por sua vez, o Conselho subordina-se ao Central de Operaciones de la Resistencia Peronista (CORP), que tem como chefe o general Iñiguez. Do CORP dependem o Movimiento Ortodoxo Peronista Independiente (MOPI), dirigido pelo coronel Federico Gentilhuomo, e a Agrupación Peronista de la Resistencia Insurrecional (APRI).

Desta última dependiam vários comandos organizados na Capital Federal e Grande Buenos Aires, tais como o Comando Rebelión (José Normando Castro), Comando Montoneros de Perón (Argentino Cassatti), Comando Lealtad (Fernando Lazarte) e Comando Mataderos (Alfonso Cuomo). Outros comandos menores, que muitas vezes atuavam de forma independente eram o "Coronel Perón", o "26 de Julio", o "8 de Octubre", o "Capitán Costales" e o "Evita Inmortal". (Braschetti 1988, p. 23)

Um dos atos de sabotagem de maior repercussão foi o incêndio da planta de armazenagem de "Gas del Estado", em Mar del Plata, que, em 12 de março de 1960, destruiu 1 400 tubulações de gás. Em Córdoba, na região de Alta Gracia, em 16 de fevereiro de 1960, registra-se um atentado contra a Shell-Mex. Queimam-se 3 000 000 litros de gasolina e 400 000 litros de óleo diesel. Em Mendoza, edita-se o diário "El Guerrillero", que conclama a luta armada. Nessa mesma província centraliza-se a atividade da Unión de Guerrilleros Andinos (UGA), que foi, entretanto, descoberta antes de começar a funcionar.

Em 1959, surge um foco guerrilheiro em Utruncos. Maria Seoane resume o episódio:

> Na primavera de 1959, após o golpe militar de 1955 e enquanto se reorganizava o movimento peronista baixo a direção de John William Cooke, delegado pessoal de Perón, um grupo de jovens se insta-

lou nos arredores da colina Cochuna em Tucumán. Dirigia-os Enrique Manuel Mena, chamado "o comandante Uturunco". Iniciou-se assim a primeira experiência de guerrilha rural no país durante o século XX. Os guerrilheiros exigiam a renúncia de Arturo Frondizi à presidência da República, a anulação dos contratos petroleiros, a devolução da cgt suspendida e o retorno de Perón. A primeira incursão militar do grupo com o nome de Movimento Peronista de Libertação foi o assalto à comisaria de Frias. Em Uturuncos convergiram ex-militantes da Aliança Libertadora Nacionalista (aln), uma fração do peronismo revolucionário dirigido por Cooke, e membros do agonizante partido Socialista da Revolução Nacional (psrn). O foco foi frustrado em janeiro de 1960. (Seoane 1991, p. 349)

A partir de 1962, acentua-se a falta de unidade da burguesia, sobretudo ante a crescente capacidade da classe operária de concentrar suas forças e aproveitar todos os territórios e espaços possíveis de ação legal que a repressão deixava livres.

Nessa capacidade de concentração de forças, ante os enfrentamentos políticos, encontrava-se o eixo da defesa estratégica do proletariado que assumia a forma de uma unidade complexa, ponto de chegada de profundas lutas entre as distintas frações.

Essa unidade de ação política não era capaz de gerar uma contra-ofensiva estratégica e muito menos uma ofensiva. O regime conseguia neutralizar militarmente, com grande eficácia, os contragolpes táticos que permitiriam a acumulação de forças sustentadas e que reforçara a ascensão das massas.

Porém, depois de cada enfrentamento, após cada derrota, o movimento popular se rearticulava ao redor da classe operária em um maior nível de concretude e síntese. O movimento popular reforçava sua convicção quanto à necessidade de manter o eixo estratégico defensivo, bem como a capacidade de autonomia e cooptação de quadros da pequena burguesia (revolucionária e reformista) e suas expressões políticas.

A eficácia militar tem como contrapartida a ineficácia política da condução dos setores populares; isto é, a burguesia não conseguia quebrar o eixo estratégico de defesa operária, não tinha como quebrar essa defesa e transformá-la em retirada, não podia, enfim, passar da ofensiva à perseguição estratégica.

Nem o sindicato nem as mesas de negociação concentravam a luta na forma como esta se verificava nas fábricas e nas ruas - estes os locais de resistência e de luta da classe operária, cada vez mais distante da direção sindical e da tutela de Perón.

A burguesia tenta desarmar essa unidade convocando as eleições que acabam por levar Frondizi à presidência. No comando, ele trata de fortalecer o sindicalismo, que perdia "poder" ante o Estado e suas bases, na tentativa de instituir uma forma de controle do proletariado tão eficaz quanto a que existira durante o governo de Perón (conforme registramos, Frondizi teve o apoio de Perón, que conclamou os trabalhadores a votarem em seu candidato).

A classe operária se dividiria, respondendo apenas parcialmente ao apelo. A unidade, entretanto, volta pouco depois, com a aliança eleitoral que sai vitoriosa nas eleições da província de Buenos Aires, em 1962, consagrando a candidatura do dirigente sindical Framini.

Torna-se clara a falta de eficácia do sistema institucional parlamentar; o qual não conseguiu funcionar como um dique de contenção eficaz capaz de desarmar a capacidade de contra-ofensiva tática. Esta expressa-se no grande poder de mobilização e na unidade dos setores expropriados e dos quadros e organizações de outras frações sociais, cooptadas por eles. As forças armadas obrigam Frondizi a anular as eleições provinciais, antes de derrubá-lo, por um golpe de estado.

A perda de unidade da burguesia atinge o ponto máximo e cada setor convoca seus quadros armados para decidir os enfrentamentos (guerra entre *"azules"* e *"colorados"*[10]). Nova guerra entre burgueses e repressão aos setores populares.

Durante quatro dias os tanques percorreram as ruas de Buenos Aires. Porém, o enfrentamento foi restrito: os *"azules"* triunfaram com as armas, enquanto as massas limitaram-se a observar o conflito "entre eles".

O movimento estudantil que mostrou certa unidade frente ao governo desenvolvimentista começa a fragmentar-se a partir da legalização das universidades privadas, na administração Frondizi. E surgem duas correntes ideológicas fundamentais: "a clerical" e a "reformista".[11]

Apesar do governo derrubado haver sido caracterizado como responsável pelo aumento do grau de endividamento do país e da dependência, pelo favorecimento

10. Os "azules" e os "colorados" são as duas frações do exército que se enfrentam neste momento. Os colorados estavam aliados com a Marinha, tinham o apoio dos partidos políticos anti-peronistas e propunham uma democracia para 30% da população (pela proscrição do peronismo e os partidos de esquerda). As frações mais tradicionais do liberalismo conservador também os apoiavam, assim como o núcleo dos terratenentes. Eram liderados por Onganía. Os azuis, liderados por Lanusse, se definiam como profissionalistas, e ainda que sentiam uma grande desconfiança dos políticos, estavam dispostos a permitir uma abertura moderada e uma saída eleitoral. Tinham o apoio do setor mais dinâmico e concentrado da burguesia agrária, ligada ao capital financeiro e às empresas multinacionais.

11. Frondizi propõe uma lei que autoriza a fundação de universidades privadas e equipara os títulos destas com as universidades estatais; medida que favorece o ensino religioso, alcançando o poder de Estado para outorgar títulos.

da concentração do capital, da queda dos salários e da repressão, o movimento estudantil não apoiou o golpe militar. A ꜰᴜᴀ havia aceitado a fórmula eleitoral proposta pela União Popular, confluindo na estratégia adotada pela maior parte da classe operária, bem como por seus quadros sindicais.

Com o golpe de estado, foram fechados vários Centros de Estudantes, já que a repressão se fez maior, combinada com a ação dos esquadrões paraestatais armados, orgânicos ao regime.

O governo Ilia

A crise política da burguesia e sua "guerra" torna necessária uma política capaz de redefinir as relações de força; isto é, uma política de desarme da força social popular. Estas frações iniciam um processo de retirada estratégica, como eixo de sua defesa ante a já ameaçadora capacidade proletária de transformar seus contra-golpes em uma contra-ofensiva estratégica.

> Enquanto não se resolve o dilema imediatamente, o certo é que se crie uma espécie de retirada das Forças Armadas, e dos setores mais reacionários, do controle político do aparato de Estado, dando lugar a uma trégua dos enfrentamentos de caráter frontal que haviam caracterizado o período anterior, criando-se uma etapa de re-estruturação das forças políticas e de sua medição através de enfrentamentos rápidos. (Marín 1984, p. 22)

As forças armadas convocam eleições, proscrevendo várias organizações políticas, entre elas, a esquerda revolucionária e reformista, e a eleitoramente majoritária: o peronismo. No intervalo entre o governo Frondizi e o novo governo eleito, entrega-se o poder nominal a um civil — José Maria Guido, sendo que o poder real ficava na direção dos militares.

Frente à essas frações triunfa a que recentemente manifestou oposição ao peronismo. O Dr. Ilia chega à presidência com os resultados da Tabela 4.1.

O novo governo contava com um poder mínimo, já que a força social que o sustentava estava isolada. Ilía não tinha como "ordenar" a atomização da luta de classes[12]. Então,

12. "Não se trata de uma fração da burguesia coesionada por grandes interesses comuns e demarcada por condições peculiares de produção, senão de uma grande pandilha de burgueses, advogados, oficiais e funcionários de ideias republicanas. [...] ". Marx define assim a fração burguesa republi-

Tabela 4.1: Eleições Gerais De 1962

Partido	Número De Votos	%
UCRP	2 441 064	25,15 %
UCRI	1 593 002	16,40 %
UDELPA	726 861	7,49 %
Democrata Progressista	619 481	6,38 %
Democrata Cristão	438 824	4,48 %
Socialista Argentino	278 856	2,87 5
Democrata	185 861	1,91 %
União Conservadora	133 199	1,37 %
Três Bandeiras	113 941	1,17 %
Justiça Social	83 302	0,86 %
Blanco	70 860	0,73 %
Conservador	68 687	0,71 %
Liberal	59 696	0,61 %
Vários (35 partidos)	583 961	6,0 %
En Branco	1 884 435	19,72 %
Anulados	173 696	1,79 5

Fonte: Tabela extraída de Izaguirre (s.d.)

Cada corpo das frações da sociedade atuou como se o poder do regime tivera se dissolvido; cada uma delas pôs em prática uma espécie de exercícios generalizado de manobras de suas respectivas forças, pressionando a um governo sem capacidade de deter o poder de Estado: os estudantes pediam maior orçamento para a educação, os operários mais salários; as esquerdas exigiam uma política internacional contra a Guerra do Vietnã; a esquerda mais radicalizada iniciava um foco guerrilheiro em Salta; a burguesia pedia ordem; e assim, todos punham em ação o mais formidável ensaio instrumental para a mobilização de suas bases de apoio.[13]

Cada força social exercitava sua magnitude de poder e o fazia sobre uma territorialidade considerada própria e assegurada e, que tentava ampliar, mediante uma imaginária guerra de movimentos: no deslocamento de forças a um espaço exterior "abandonado" pelos antigos donos.

Porém, esses territórios pertenciam a uma ordem que lhes era alheia. A ausência de um disciplinador interior lhes havia criado a imagem virtual de uma territorialidade já conquistada: os estudantes, "suas" escolas e universidades; os operários e "suas" fábricas; os políticos "seus" parlamentos [...] e, assim, todos.[14]

cana do 18 Brumário. Fazendo um paralelo, o Governo de Ilia, tem suas únicas bases de poder na débil classe media agraria, frações dos estudantes universitários e a máquina da estrutura partidária da ucrp e agora também do aparato do Estado. Em relação ao movimento operário e sindical, tinha uma pequena inserção em alguns grêmios estatais.

13. Ao final de 1963, ainda durante o governo de Ilía, se instala en Salta un foco guerrillero conducido por Ricardo Massetti, periodista de Radio El Mundo, y fundador de la agencia cubana de noticias Prensa Latina (PL). Su seudónimo fue "Comandante Segundo", ya que el primero era el Che Guevara. Además de algunos militantes cubaños como los hermanos Hermes y Lázaro Peña, el EGP, estaba iuntegrado por estudiantes universitarios disidentes del Partido Comunista Argentino (PCA). Sin un programa político claro, el grupo fue cercado por la gendarmeria , que logró capturar a la mayoría de sus integrantes. Massetti se internó en la selva del Yuto, donde desapareció para siempre. (datos extraidos de Seoane (1991))

13. A final de 1963, ainda durante o governo de Ilía, instala-se em Salta um foco guerrilheiro conduzido por Ricardo Massetti, jornalista da Radio El Mundo, e fundador da agência cubana de noticias Prensa Latina (PL). Seu pseudónimo foi "Comandante Segundo", já que o primeiro era o Che Guevara. Além dele, tinha outros militantes cubanos como os irmãos Hermes e Lázaro Peña compondo o EGP, que também estava integrado por estudantes universitários dissidentes do Partido Comunista Argentino (PCA). Sem um programa político claro, o grupo foi cercado pelo exército, que conseguiu capturar à grande maior de seus integrantes. Massetti se internou na "Selva del Yuto", de onde desapareceu para sempre. (dados extraidos de Seoane (1991))

14. "É interessante observar como as diferentes frações sociais, assumiam os instrumentos tradicionais (escolas fábricas, instituições políticas, empresas estatais, etc.) não tanto como algo desejável senão algo cujos limites e formas precisas poderiam ser transformadas a partir da busca de metas li-

O movimento estudantil caracterizou o novo período democrático como fruto de um processo eleitoral fraudulento pela proscripção de vários partidos políticos, sendo esse novo governo, virtualmente ilegítimo, já que a grande quantidade de votos em branco lhe tirou qualquer espécie de representatividade. Não obstante, a tarefa política seria ampliar o espaço democrático já conquistado.

Entretanto, com o governo de Ilia, devido ao recuo do controle do aparato estatal pelo regime, criam-se condições adequadas à expansão das ações políticas. Para o movimento estudantil cria-se a imagem da universidade como territorialidade conquistada: liberam-se os estudantes presos e reabilitam-se os centros fechados pelo governo anterior. As universidades deixam de ser vistas como lugar de luta em si; engajam-se na luta contra o regime, ao lado dos trabalhadores: começa o deslocamento "para fora".

Esse deslocamento do movimento estudantil para fora dos muros da universidade em apoio à luta popular ocorre, em princípio, por iniciativa de uma pequena parcela da população estudantil, enquanto a maioria permanece encapsulada em seu próprio território, lutando por maiores verbas e outras demandas corporativas.

Mas, finalmente, a maioria soma-se ao enfrentamento que envolve toda a sociedade: a luta do povo contra o regime. A luta de classes expressa-se na forma de enfrentamento entre forças sociais.

Duas motivações mobilizam centralmente a luta estudantil: o aumento de verbas, em defesa da educação pública, e a posição condenatória à invasão de Santo Domingo pelos Estados Unidos, bem como o repúdio à intenção do governo argentino, de enviar tropas para apoiar a operação militar norte-americana na região. Os estudantes, que também protestavam contra a elevação do custo de vida e o desemprego crescente, apoiavam a luta da CGT — mas não a cúpula sindical cooptada pelo golpe que afastou Ilia do poder.

A mobilização de rua, a ocupação de faculdades e a elaboração de documentos foram as formas de enfrentamento mais adotadas no período.

A luta política e ideológica no âmbito universitário cresce, alterando-se a harmonia entre os distintos claustros. Rompem-se as relações hierárquicas e quebra-se o sistema normativo das universidades, instalando-se nas faculdades a "desordem" que reinava na sociedade, produto da crise que atingiu o institucional político — uma crise de dominação política e social da burguesia em seu conjunto.

Na realidade, aprofunda-se a crise que se iniciara em 1962[15]: crescem as agru-

bertadoras. Os estudantes buscaram ter suas classes nas ruas, praças e parques, porque não tinham "espaço" nas salas de aula; os operários tomavam as fábricas." (Marín 1984, p. 58–60)

pações estudantis revolucionárias que se distanciam das agrupações reformistas e "apolíticas", pondo em crise essas orientações, sobretudo o reformismo, corrente arraigada na tradicional política estudantil.

No final do governo Ilia, a luta estudantil intensifica-se buscando maiores verbas e em solidariedade ao movimento operário; enquanto o regime, invadia armado as faculdades através de ações de esquadrões terroristas de orientação fascista.

Durante esse período de democracia restrita cresce a desordem e, proporcionalmente, o medo da burguesia, que iniciara sua defesa estratégica numa atitude que se traduziu no golpe militar de 28 de junho de 1966: nasce um "novo partido da ordem".

A fração mais reacionára da burguesia reunida ao redor do exército, limitava-se a observar os acontecimentos, aguardando a ocasião ideal para impor a ordem; isto é, devolver cada um à sua clausura, fazendo com que os corpos assalariados, os corpos estudantis, etc., voltassem a expressar sua personificação como corpos construídos em forma capitalista.

O caráter da luta de massas ia incorporando formas armadas de enfrentamento.

15. Trazemos um documento de 1962, que mostra como se ía construindo esta "desorden", este "asalto" às hierarquias dentro da vida universitaria:

> O movimento da reforma universitaria encontra seus aliados e seus mais imediatos traidores dentro do campo dos "liberais". Mas o que importa em definitiva é que, desta aliança, por meio de um processo de lutas "internas" na Universidade, logra-se finalmente "liberaliza-las" e como contrapartida e garantia de não dar um passo mais, se estabelece uma forte oligarquia acadêmica, formada fundamentalmente destes dois setores ideológicos: "clericales" e "liberales". Até o processo de massas do peronismo, o saldo hegemônico tenderia a ser favorável aos liberais. [...] "Clericales" e "liberales" foram os principais antagonistas de uma luta tradicional no campo da cultura argentina e em particular, na luta pela hegemonia acadêmica na Universidade. Em seu desenvolvimento, terminaram por desenvolver uma forte oligarquia acadêmica. Esta oligarquia conseguiu construir uma organização universitária cujo principal objetivo consistia em responder ao mercado de trabalho das profissões liberais, coerentes com as necessidades da manutenção do poder tradicional [...] as oligarquias acadêmicas, criaram as condições para que surgisse uma profunda incompreensão em nossos estudantes universitários do processo de massas desenvolvido durante o Peronismo; e em segundo lugar, eliminaram toda a possibilidade de construção de pesquisa acadêmica [...] e construíram o erro de separar os termos povo e ciência, apresentando-os como as atuais opções nas quais deveriam se embarcar as maiorias universitárias [...] .

Parágrafo extraído do documento chamado "Universidad: política de masas". Publicado no jornal oficial do Partido Socialista Argentino de Vanguardia (psv) de 7 de novembro de 1962, Buenos Aires, citado por Beba Balvé e Beatriz Balvé (1989, p. 69–70)

Conforme destacamos, o que leva as massas a portar "armas materiales" somente se chega a compreender quando se pensa no longo processo de contrução da força moral e da força social, que tiveram como pilares a capacidade de união das forças populares frente ao inimigo, o sentir-se parte da uma aliança que continha cada identidade.

De uma "tensa espera" a burguesía passa à ação, em junho de 1966, quando inicia sua defesa estratégica, assumindo uma ofensiva dentro da defensiva: já que prolongar a defesa passiva significaria deixar grande espaço para que as massas pudessem consolidar seu processo de ascensão e passassem, elas próprias, à ofensiva estratégica.

A ausência de uma "ordem" permitira ao proletariado lançar-se numa série de "jogos de exercícios de guerra", um conjunto de manobras, que, segundo Marín, foi dotando o movimento de quadros combativos, recrutados nos meios operários e, ainda, em outras frações sociais - como, por exemplo, os universitários. Assim, foi possível acumular forças contra o regime burguês de dominação, como, também, criar condições para formar e treinar aqueles quadros.

O golpe de Onganía acontece em um momento de ascensão das massas, busca construir uma "ordem" estável como eixo da defesa estratégica, almejando derrotar os quadros combativos do movimento popular. Esse empreendimento logra uma trégua entre as frações burguesas para tentar consolidar conjuntamente a dominação do proletariado.

Essa trégua se traduz na unidade em torno da figura do general Onganía.

A tática burguesa se sobrepõe às contradições e consiste na construção de um "partido da ordem" e termina com a atomização burguesa que constrói, por sua vez, a unidade da classe operária. Sua argúcia em termos táticos consiste na resposta tradicional: "o partido da ordem" contra o "partido da subversão".

Aqui apresentamos um exemplo desse processo, registrado na província de Tucumán:

> O encerramento de onze engenhos açucareiros, em Tucumán, supunha a destruição da economia regional e provincial. Deles dependiam 80% dos residentes economicamente ativos, e 75% do PIB da província. A desesperação social, somada às difíceis condições de atraso, se expressou nas manifestações de protesto as quais convocou a FOTIA. Em 12 de janeiro de 1967, Santucho participou de uma coluna de operários do Engenho San José que marchavam, junto com outros, e deviam se concentrar no engenho Santa Lucia, no povoado de Bella Vista. Pouco antes das 17h, hora em que se ini-

ciava o motim, a polícia deteve várias pessoas, como gesto intimidante. Minutos depois começou a violenta briga. Interviu a guarda de Infantaria e os ativistas do sindicato de San José lançaram bombas incendiárias contra eles. A polícia disparou então, contra a multidão constituída em sua maioria por mulheres e crianças. Na dispersão caiu o corpo de Hilda Herrero de Molina. A multidão furiosa, carregando-se novamente contra as forças repressivas, obrigando-as a se refugiar em local policial. Bella Vista caiu, em horas, nas mãos do povo. O sangue derramado inflamou ainda mais os cortadores de cana e no dia seguinte Santucho escutou dos operários repetidos pedidos para que conseguissem metralhadoras para ir à luta até a morte, contra a ditadura. (Seoane 1991, p. 97)

Ante a iniciativa burguesa de retomar a industrialização centralizadora[16] e de reordenar a valorização do capital — neste caso ligado à produção de açúcar — a defesa operária das condições de trabalho supera por sua própria dinâmica, um estágio meramente reivindicativo. O grau de enfrentamento impõe a necessidade de incorporar armas materiais, porém, se esses corpos não estivessem "armados" politicamente dificilmente saberiam a hora de disparar, como e contra o quê.

En 1970, Santucho, refletindo sobre esse episódio, diz:

> A proposição da luta armada irrompe no PRT, não através de estudantes e intelectuais revolucionários influídos pela experiência de outros países. Surge da experiência direta das massas operárias argentinas e é incorporado ao partido por sua vanguarda que havia recorrido previamente ao caminho da luta pacífica, que havia começado por greves correntes, pela participação em eleições, que havia passado á ocupação de fábricas com reféns, às manifestações de rua violentas, para que fechadas todas as possibilidades legais com o pressuposto de Onganía, se orienta corretamente à guerra revolucionária. (Santucho 1973)

As organizações revolucionárias desenvolvem uma política armada partindo desse estágio da luta de massas. Nesse sentido é que compõem a mesma força social e expressam a presença em uma mesma estratégia.

16. O tipo de desenvolvimento *impulsado* por Frondizi é retomado, ainda que as multinacionais começam a mudar suas estratégias. Iniciam a produzir articuladamente com as outras filiais da mesma empresa. Por exemplo, SCANIA começa a produzir na Argentina não só para seu mercado interno, mas também para outros países. A produção mundial se articula de maneira ampliada.

Esse estágio expressa a presença e o processo de construção de uma aliança, de uma força social, de uma estratégia em, por exemplo, atitudes como a de que a Junta Coordinadora Nacional del Radicalismo (jcn) se propunha a "renovar o radicalismo e dotá-lo de uma dinâmica revolucionária que possibilitasse a estruturação de um partido de massas". Além disso, solidarizava-se com a cgt dos argentinos, denunciava-a como fascista e o "imperialismo como agressor da América Latina e do Vietnã". Também combatia os "burócratas e eleitoreiros", como Ricardo Balbin.[17] (Leuco e Diaz 1987)

17. Ricardo Balbín era o principal dirigente da ala mais conservadora do radicalismo

VOLUME II

Capítulo 5

1969: Expressão de uma confrontação

O PERÍODO que estamos tratando tem como características gerais: a mobilização social, luta nas ruas, a emergência de tipos de ação direta, as ações por fora das normas legalmente instituídas ou ainda por fora de aparatos burocráticos institucionais, as *"puebladas"*, o surgimento de organizações armadas, a formação de correntes sindicais classistas e a impossibilidade do regime de manter a dominação de classe sob a forma de ditadura militar.

Crenzel observa:

> Essas ações, que envolvem a diferentes personificações socais, são reveladoras, em diferentes graus, de um processo para esse momento socialmente inobservável: a crise orgânica pela qual atravessa a dominação burguesa e o processo de formação de uma força social de caráter revolucionário. A natureza histórico-social da dita força em construção — que pode se rastrear em enfrentamentos prévios — expressava uma tendência ao estabelecimento de relações sociais de cooperação, antagônicas com as formas burguesas-mercantis dominantes e de dominação estabelecidas entre corpos, classes e frações de classes. O caráter dessas relações sociais que no campo popular havia sido constituído ao longo de uma série de lutas e enfrentamentos, formavam parte de seu armamento moral, de

seu equipamento estratégico, da convicção que a luta que se levava a cabo era justa. (Crenzel 1991, p. 12)

Cremos que o ano 1969 constitui um ponto de chegada e de partida para nossas reflexões sobre a história política da Argentina. Aquele ano marca o começo da guerra, como um estágio da luta de classes, que envolve tanto as frações que assumem as diferentes estratégias burguesas, quanto para as estratégias revolucionária e proletária.

A luta pela condução estratégica do período e das massas cuja gênesis se refere a 1969 representa, nesse momento, "um marco no processo histórico econômico-social argentino e o é porque refere ao espaço-tempo em que se havia criado as condições de uma situação revolucionária." (Beba Balvé e Beatriz Balvé 1989, p. 15)[1].

Desde a perspectiva da luta de classes do proletariado, 1969 configura um momento de realização da luta de massas, tomando forma por meio da greve política de massas, na qual a classe operária estabelece sob sua iniciativa a luta pelo

---

1.

Resulta indubitável que a revolução é impossível senão se da uma situação revolucionaria, a que de fato leva a revolução. Quais são, em termos gerais, os signos que distinguem a uma situação revolucionaria? Temos certeza de que não nos enganamos quando assinalamos estes três signos principais:

1. A impossibilidade para as classes dominantes de manter seu domínio na sua forma imutável; pelo qual uma crise "nas alturas" uma crise da política da classe dominante se abre sendo uma fissura pela que invadem o descontentamento e a indignação das clases oprimidas. Para que estoure uma revolução não basta com os que "abaixo não queiram mais viver como antes", também é necessário que os "de cima não possam viver como até então"

2. Um agravamento maior que o habitual, da miséria e das penalidades sofridas pela classe oprimida

3. Uma intensificação considerável, pelas razões antes mencionadas, da atividade das massas, as que em tempos "pacíficos"se deixariam explorar tranquilamente, mas em momentos turbulentos são empurradas tanto para a situação de crise em conjunto com a "crise das alturas", para agir em uma ação histórica.

Sem estas mudanças objetivas, independentes não somente da vontade de tais ou quais grupos ou partidos, senão também da vontade de estas ou aquelas classes, a revolução é, por regra geral, impossível. O conjunto destas mudanças é precisamente o que se chama de situação revolucionaria. [...] . A revolução não surge de toda situação revolucionaria, senão somente da situação nas quais as mudanças objetivas antes assinalados vem a se somar a uma mudança subjetiva. (Lenin 1960, p. 211–212)

poder efetivo das massas. Esse processo envolve diferentes frações de classe em um mesmo enfrentamento.

Diferentes fatos ocasionam a faísca para que os "azos"[2] aconteçam. Bonasso relata:

> O Córdobazo começa fora de Córdoba. Precisamente na Universidade do Nordeste. O motivo? Fútil aparentemente: o tíquete para o refeitório universitário aumentou de 10 para 12 pesos. Em 15 de maio os universitários, os empregados da província, a JP [...] e milhares de pessoas enfurecidas, recorrem às ruas de Resistência. Há gases. Também tiros. Em Corrientes morre um menino: Cabral. Em Rosario outro: Blanco. Então, pela irrefutável teoria dos vasos comunicáveis, estoura Córdoba. (Bonasso 1994, p. 262)

A "luta contra a repressão" unifica e desencadeia em Rosario — primeira cidade da província de Santa Fé — dois dias de lutas de rua contra a polícia e o Exército; uma greve geral desencadeia o "Córdobazo" (como o nome indica, acontece na cidade de Córdoba), contando também com a adesão dos estudantes, da população em geral e dos profissionais liberais.

Os combates de massas realizados em maio de 1969 conduzem à ocupação militar desses territórios e implantação de Conselhos de Guerra por parte das Forças Armadas. Esse processo acontece por todo o país, confluindo em uma greve geral no dia 30 de Maio, convocada pela CGT. No entanto, tudo já fora disparado antes da decisão da CGT.

2.

"Pueblada" está mais vinculada ao protesto e aos conflitos de interesse, e os "azos" aos movimentos sociais de oposição política. Referem-se a dois tipos de organização social diferentes, tanto por sua forma como pelo seu conteúdo social, e representam interesses de classe diferentes. Na "pueblada" a cidadania fecha fileiras ao interior da cidade como uma corporação, e o inimigo é algo externo a essa corporação, que afeta aos seus interesses econômico-corporativos. Nos "azos" é a sociedade a que se divide, se organizando em duas grandes forças sociais contrarias, enfrentadas, e este tipo de organização se refere a um momento de desenvolvimento da sociedade na qual começa a se expressar o antagonismo das duas grandes classes sociais do capitalismo.(p. 12 Aufrang 1989, introdução de Beba Balvé)

Eixo Resistencia-Corrientes

No eixo Resistencia-Corrientes — a primeira é a capital da província de Chaco e, a segunda, da província homônima —, bem se expressa esse processo de protesto social, ali desencadeado pelo aumento dos preços da comida, consequência da privatização dos refeitórios estudantis.

Em Resistencia, a busca de alianças envolve até a Igreja e, em Corrientes, um setor do movimento operário organizado, vinculado, em escala nacional, à cgt "Paseo Colón" ou de "los Argentinos". Estas duas instituições cedem suas instalações a luta estudantil. Na primeira passa a funcionar um restaurante; na segunda, um espaço destinado a assembléias e reuniões. Por sua vez, "os estudantes tentam incorporar ao movimento outros setores da população, utilizando como meio a ajuda em alimentos para manter o refeitório estudantil. Assim obtém uma resposta favorável de vizinhos e comerciantes." (Beba Balvé e Beatriz Balvé 1989, p. 34)

Em 15 de maio, organiza-se uma marcha de protesto simultânea em Resistencia e Corrientes, autorizada pela força policial. O objetivo era entregar uma lista de reivindicações ao reitor normalizador da universidade. Em Corrientes, a marcha pacífica, apesar de autorizada pela força policial, é atacada. Morre o estudante Cabral.

Uma manifestação pacífica, primeiro permitida, depois reprimida, inspira a coesão necessária e acaba funcionando como a argamassa de toda uma série de enfrentamentos, que se desdobra entre Rosario e Córdoba. Este elemento funcionou como estopim, conseguindo construir a força moral necessária para que o movimento social liberasse sua força e realizasse seus enfrentamentos em condições favoráveis. O meio onde os operários se lançavam na luta, não apenas contra os baixos salários e por melhores condições de trabalho, o que os aproximava dos estudantes, mas também contra o fantasma do desemprego, estava baseado no fechamento de empresas em um contexto de reconversão industrial e econômica.

O Tucumanazo[3]

Em 23 de maio realiza-se uma marcha de silêncio em repúdio à agresão policial que resultou na morte de estudantes em Corrientes e Rosario. No dia 26, 200

3. Todos os atos descritos nos acontecimentos de Tucuman foram extraídos de Crenzel (1991, p. 50-57)

advogados, em frente à porta dos tribunais, realizam ato contra a repressão e a ditadura. O governo tenta deslocar tropas para reprimir a manifestação. Mas parte delas se recusa a sair à rua contra o povo, reclamando melhorias salariais e dizendo divergir do comando. A intervenção fica por conta da Polícia Federal.

No dia 27, os padres do terceiro mundo celebram missa popular, reprimida. Alguns agentes da polícia provincial são detidos por se negarem a participar da ação. Cerca de 3 500 manifestantes dirigem-se para a sede da universidade e, no trajeto são atacados. Então, começam a apedrejar a Casa do Governo, derrubando postes de iluminação. Às 22h15, ocupam a sede da Universidade Nacional de Tucuman. A noite termina com outra missa, na qual o padre Juan Ferrante, em seu sermão, prega: "Hoje, os cristãos devem dar testemunho dos ensinamentos de Cristo, para que o combate que liberta os estudantes não seja em vão, pois se queremos fazer a revolução, temos que fazê-la até o final". Em seguida, o grupo se dispersa.

Ainda naquela madrugada, os estudantes ocupam oito quadras nas proximidades da unt. Durante todo o dia a mobilização continua.

Os comerciantes aderem, apagando os letreiros luminosos e luzes no interior de suas lojas, em homenagem aos que tombavam na luta. Já à noite, realiza-se um ato "operário-estudantil", em frente à fotia, com fogo e barricadas, para responder aos gases lacrimogêneos lançados pela força policial.

O enfrentamento se intensifica quando um operário, Angel Rearte, é morto pela repressão. A polícia se aquartela, enquanto o fogo e as barricadas se espalham.

No dia seguinte, Tucuman adere maciçamente à greve nacional convocada pela cgt. Alguns trabalhadores suspendem a paralisação, tentando chegar a Tafi Viejo de trem. Os manifestantes detêm o trem, sendo dispersados, entretanto, com rajadas de metralhadoras, disparadas pelo Exército. Começam o levantamento de barricadas e as prisões a seus participantes. Mas logo se lançam bombas, inclusive contra a fotia, em repúdio "às manifestações" frouxas de sua direção ante a gravidade do momento nacional".

À tarde, começam a funcionar os *conselhos especiais de guerra*, que julgam os detidos. Apesar disso, a cgt marca outra greve, para o dia 31, e os estudantes se declaram em "assembléia permanente".

O Cordobazo

O Cordobazo colocou a necessidade de criar uma força político-militar para lutar pelo poder, sem deter-se na reforma do capitalismo.

Tosco descreve da seguinte maneira os acontecimentos:

> O dia 29 de maio amanhece tenso. Alguns sindicatos começam a abandonar as fábricas antes das 11h. A essa hora o governo exige que o transporte abandone o casco central. Os trabalhadores de Luz e Força da Administração central, pretendem organizar um ato à altura de Rioja e General Paz e são atacados com bombas de gás. É mais uma vez a repressão em marcha. A repressão indiscriminada. A proibição violenta do direito de reunião, de expressão de protesto. Enquanto isso, as colunas dos trabalhadores das fábricas da indústria automotiva vão chegando à cidade. São todas atacadas e tenta-se dispersá-las.
>
> O comércio fecha suas portas e as ruas vão se enchendo de gente. Corre a notícia da morte de um companheiro, era Máximo Mena do Sindicato dos Mecânicos. Produz-se o estouro popular, a rebeldia contra tantas injustiças, contra os assassinatos, contra os abusos. A polícia retrocede. Nada controla a situação é o povo. São as bases sindicais e estudantis, que lutam enfurecidas. Todos ajudam. O apoio total de toda a população se dá tanto no centro quanto nos bairros.
>
> É a tomada de consciência de todos se evidenciando nas ruas contra tantas proibições que se levantaram. [...] O saldo da batalha de Córdoba – O Córdobazo – é trágico. Dezenas de mortos, centenas de feridos. Mas a dignidade e a coragem de um povo florescem e marcam uma página na história argentina e latino-americana que não se apagará jamais. Nas fogueiras de rua arde o entreguismo[4]. (Tosco 1988, p. 54–55)

> O Córdobazo é a expressão militante, do mais alto nível quantitativo e qualitativo da tomada de consciência de um poço, em relação ao que se encontra oprimido e ao que quer se libertar para construir uma vida melhor. (Tosco 1988, p. 39)

4. Chamam "entreguismo" a parte do sindicalismo que se rege pelos tempos políticos da burguesia.

O Córdobazo deixou evidente o grau de desenvolvimento que tinha essa força social de caráter popular. Para o Exército, esse é o começo de um processo de tomada de consciência, de uma guerra para a qual se reconhecia despreparado.

Lanusse começa seu livro *Meu testemunho* descrevendo o Córdobazo:

> Com o Córdobazo, saltaram à mesa desde a presença de Deus e se sua Igreja nos problemas temporais até a crise do autoritarismo, a resistência a Buenos Aires, o protesto dos radicais, a explosão dos bairros peronistas, a repugnância ao corporativismo, a vocação protagonista dos argentinos e, é claro, a atividade de núcleos subversivos que encontraram ali ótimas condições para entrar em cena.
>
> Os piquetes subversivos mostrarão grande eficácia, mas também se apreciava a mobilização de grupos totalmente alheios à subversão e, em especial, dos aparelhos do radicalismo e da estrutura sindical. Como um organismo que adoece de remédios, Córdoba estava doente de ordem. De uma ordem que se apresentou como torpemente anacrônica quando acreditou vislumbrar que preparava uma repigmentação corporativa. O maio francês [...] estava então muito presente na memória coletiva mas, a diferença dos episódios em Paris (onde houve uma só vítima e por acidente) os tiros começaram logo em Córdoba, disparados por toda parte. (Lanusse 1977, p. 3, 9, 18, 19 e 21)

Lanusse destaca a existência de uma força social que continha alianças de diferentes frações. Apesar de se expandir o castigo sobre o corpo social, o regime se mostrava incapaz de impor a disciplina.

> No país havia nascido o que então foi chamada de uma nova oposição. A ideologia hegemônica dessa nova oposição não era já tanto a radical, a socialista, a liberal, nem ainda comunista, na acepção tradicional do termo. Era, e nisso havia acertado Caballero, uma oposição juvenil que tratava de somar a todos os setores que se opunham ao sistema liberal e, sobretudo ao sistema econômico liberal. Essa oposição juvenil não entendia como antagônicos ao catolicismo e ao marxismo, nem ao nacionalismo e ao marxismo. Por certo, radicais, socialistas, peronistas ortodoxos, liberais e comunistas da linha oficial também participavam das manifestações que vinham se realizando. (Lanusse 1977, p. 21)

O mesmo Exército, na opinião de Lanusse, observa que as alianças começavam a concretizar-se em políticas unificadas, que conformavam uma ideologia hegemônica nova, que as englobava e unia em torno de uma ação comum.

Numa outra visão política, Agustín Tosco, dirigente do Sindicato de "Luz y Fuerza", de Córdoba, parte integrante do sindicalismo combativo, define essa "Nueva Oposición" da seguinte maneira:

> A condução (do sindicato de Luz e Força) está integrada por companheiros peronistas, radicais, marxistas, comunistas, democratas cristãos [...] Em nosso grêmio praticamos o que defendemos como unidade de ação e de luta com pleno respeito ao pensamento de cada um. Eu jamais levantarei um dedo contra o pensamento político de um companheiro ou contra a religião, é uma aberração que devemos superar, uma cicatriz da civilização. Que combater uma ideia signifique anulá-la, enclausurá-la, condená-la, reprimi-la, isso não aceitamos. (Tosco 1988, p. 18)

Essa aliança se mobilizava, em conjunto, contra um inimigo que inspirava a coesão. A forma pela qual o governo vinha exercendo o poder já não garantia a sua continuidade: eram necessárias mudanças na maneira de implementar o exercício do poder, construindo-se uma estratégia capaz de lhe permitir enfrentar essa força social, em processo de construção e ascensão. O problema do poder constituía um tema fundamental para as forças do regime, e a luta das massas o impunha.

Marín assinala:

> Um movimento de protesto social começou lentamente a tomar forma em todo o país, as somas dos cidadãos recobraram as equações das classes sociais e suas frações começaram a constituir as alianças suficientes para dar base à gênesis de forças sociais em ação de enfrentamento à grande corporação: em maio de 1969 as lutas de rua superaram as forças repressivas convencionais e impuseram a necessidade de que as forças armadas se constituíssem em forças armadas de ocupação. (Marín 1984, p. 63)

Uma parte integrante da força do povo assumia o enfrentamento armado, o que representava um grau de complexidade maior na forma de combater, na avaliação do regime. O enfrentamento entre "exércitos" não era real. Lanusse encara a guerrilha como parte integrante do conjunto da oposição:

É certo que a subversão podia operar de uma forma relativamente cômoda porque não estava isolada. A estrutura do sindicalismo moderado, cujo apoio buscava abertamente o governo de General Onganía, se negava a seguir respaldando o processo. (Lanusse 1977, p. 50–51)

Por outro lado, as que permaneciam isoladas eram as forças armadas:

Como é possível, então imaginar uma unidade e verticalidade das ffaa que se sustentaram no vácuo? Como é possível supor sobretudo em um país como a Argentina, que se podia governar simultaneamente, sem legitimidade, sem consenso? (Lanusse 1977, p. 43)

O Córdobazo mostrou que o momento pelo qual passava a luta de classes era perigoso para a burguesia e para a munutenção de sua ordem: o "inimigo" espalhava-se por toda a sociedade, encontrando-se inclusive nas frações "burguesas": "Os bairros burgueses colaboraram de forma espontânea e entusiasta a ação, dando material combustível aos revoltosos" parencite[p. 18]lanusse77. Como veremos na descrição do "Rosariazo", industriais e comerciantes chegaram a parar suas atividades em solidaridade ao sepultamento um operário-estudante morto pela polícia.

Lanusse vê com clareza que a estratégia a construir devia ter como fim o aniquilamento dessa força social que lutava. Porém, essa ação devia ser cuidadosamente elaborada: antes era preciso destruir as alianças, isolando frações, rompendo a unidade.

Nesse tipo de reflexão vemos o conhecimento e o uso da teoria da guerra, a partir da qual se constrói um conhecimento específico sobre sua prática política. Nesse sentido é que o Exército não emprega todas as suas forças ao mesmo tempo, mas, sim adota movimentos táticos diferenciados na relação de força que põe em jogo o inimigo.

Por isso, Lanusse registra:

A doutrina militar estabelecia uma gradação no que se refere ao emprego de meios: primeiro devia se utilizar os efetivos policiais, se esses se resultavam insuficientes, os efetivos de segurança e, no caso que nem uns nem outros alcançassem o controle da situação, deveriam ser empregadas as forças armas. [...] A síntese era que, como ocorria no plano geral, o exército devia se manter como última reserva para enfrentar aquilo que não podia ser controlado de outros meios. [...] De todo modo, teria sido melhor sair antes com as tropas? A primeira vez que Sanchez Lahoz me chamou por telefone, eu lhe formulei uma pergunta: com quem estão as pessoas? Sobre isso, como é dito, não existem ainda hoje duas opiniões distintas. *A população, sobretudo na manhã daquele dia, simpatizava com os manifestantes.* Todavia não se haviam cometido excessos e as pessoas das janelas ou na rua estavam acompanhando às vezes ativamente essa espécie de rebelião que se produzia em Córdoba. Se tivéssemos saído antes, o Exército teria provocado um massacre, assinala hoje o coronel Marguery, o mesmo que tomou as medidas preventivas. Ainda que tivesse sido militarmente possível estar na rua ao meio dia, teria sido na prática um desastre de consequências impossíveis de imaginar. As pessoas rodeavam os revoltosos e os acompanhava. Mas logo, diante das depredações, começou a se retirar, e terminou deixando-os. houve um momento em que só os subversivos seguiram provocando incidentes, e esse era o momento de operar. (Lanusse 1977, p. 12–13)

A burguesia adota uma política continuamente armada; o exercício do poder tem essa característica. Uma política armada de outro signo é, assim, a expressão máxima da desobediência. O problema que o Exército enfrentava não eram os "subversivos", como Lanusse mesmo assinala, era a força social à qual eles pertenciam. A guerra de que o campo popular tomava parte questionava o regime vigente. As armas que cada um usava nesse enfrentamento não eram fator decisivo: o povo colaborava com os "revoltosos". Sem ele não haveria Cordobazo.

Funções de ordem e funções de guerra, em determinados momentos da luta de classes fazem parte de um mesmo processo. Foucault afirma:

Fazer com que a falta e o castigo se comuniquem entre si e se unam em numa forma de atrocidade não era a consequência de uma lei de talião obscuramente admitida. Era o efeito dos ritos punitivos de determinada mecânica de poder: de um poder que não só não esconde que se exerce diretamente sobre os corpos, mas que se exalta e se reforça com suas manifestações físicas, de um poder que se afirma como poder armado, e cujas funções de ordem, em todo caso, não estão inteiramente separadas das funções de guerra; de um poder que se vale das regras e as obrigações como vínculos pessoais cuja ruptura consiste em uma ofensa e pede uma vingança; de um poder para o qual a desobediência é um ato de hostilidade, um começo de subversão, que não é em seu princípio muito diferente da guerra civil. (Foucault 1985, p. 62)

> Outra consequência do desenvolvimento do bio poder é a crescente importância adquirida pelo jogo padrão em detrimento do sistema jurídico da lei. A lei não pode não estar armada, e sua arma por excelência é a morte; a quem a transgridem respondem, ao menos a título de último recurso, com essa ameaça absoluta. A lei se refere sempre à espada. Mas um poder que tem como tarefa tomar a vida ao seu encargo necessita de mecanismos contínuos, reguladores e corretivos. Já não se trata de fazer o julgamento da morte no campo da soberania, mas de distribuir o vivo num domínio de valor e utilidade. (Foucault 1987a, p. 174)[5]

Os enfrentamentos, em determinados estágios da luta de classes assumem, então, a forma de guerra. O que vemos confrontar-se são estratégias, que não aglutinam, necessariamente, frações de classe homogêneas. Essa luta por objetivos similares vai construindo "forças sociais". Logo, primeiro, ocorrem os enfrentamentos. E a sucessão dos mesmos é que vai configurando as estratégias.

A uma estratágia dominante se opõe outra ou outras, aglutinando as frações sociais atrás de si. As estratégias coordenam táticas, nas quais se compromete uma parte da força posta em jogo. As primeiras fazem referência ao conjunto das frações. Os pontos de resistência, os momentos cotidianos de luta estão presentes em todas as partes da rede do poder. Não existe *o lugar* da resistência. Esta se distribui de maneira irregular, disseminando-se espacial e temporalmente.

Foucault se pergunta:

5. Logo continua:

> O "direito" à vida, ao corpo, à saúde, à felicidade, à satisfação das necessidades; o "direito", por cima de todas as opressões ou "alienações", a encontrar o que a gente pode ser, foi a replica política a todos os novos procedimentos de poder, que por sua parte, também não dependem do direito tradicional da soberania. (Foucault 1987a, p. 176)

Neste livro Foucault começa a abordar, o tema do "bio-poder". Foucault considera, e aqui o que é verdadeiramente sugestivo, que esta forma dominante na que o poder se expressa na sociedade atual, aparece a partir da década de 1960, é mais, a partir de 1968 – quando o menciona na Introdução da obra *Orden del Discurso*. A característica central do bio poder é a de intervir no nível da vida, da construção e o controle da mesma; uma vez que a construção e o controle do corpo tem se conseguido em um estádio anterior. Por isto o genocídio aparece como prática generalizada de controle político.

> Grandes rupturas radicais, partições binárias e massivas? Às vezes. Porém mais frequentemente nós enfrentamos pontos de resistência móveis e transitórios, que introduzem na sociedade linhas divisórias que se mudam rompendo unidades e levantando agrupamentos. (Foucault 1987a, p. 116)

As resistências também se configuram, em determinados momentos históricos, em estratégias que disputam as frações dominantes. Os "azos" são um bom exemplo desses conceitos apontados por Foucault: neles encontramos a articulação de frações que têm um mesmo objetivo, que as leva à rua e que coinstrói a força moral que lhes permite alcançar alta capacidade de combate.

As classes se distribuem ao longo das forças sociais. Nem toda a burguesia está na força social do regime, assim como nem todo o proletariado está na força social anticapitalista. 1969 força o alinhamento: quem não o havia feito até então toma necessariamente partido. O que, quem e como se disputa nessa guerra.

Consideramos que, o que se disputa é uma territorialidade social, entendida não como um território material, mas sim como um espaço social constituído pela argamassa de certas condições materiais com o conjunto de relações sociais mediadas pelas primeiras. Se o espaço, se a territorialidade é social e se refere a essa argamassa, a esse conjunto de relações sociais que constituem a força social, a imagem espacial, o mapa vai deixar de ser geográfico, abstrato, jurídico, institucional, etc. O mapa vai converter-se na distribuição espacial das classes sociais, das relações de enfrentamento dessas classes. Um mapa que no espaço distribui as classes em combate. A existência das classes - não como elemento estatístico, não as classes cristalizadas em sistemas classificatórios abstratos - será vista como a distribuição espacial das classes em seus enfrentamentos.

O ataque e a defesa devem entender-se nesse contexto. O fundamental, no ataque, é a imagem de apropriação, que tem a ver com a ruptura de uma relação social. A defesa se associa à recuperação. Por isso, dizemos que a desobediência pode visualizar-se como um ataque já que violenta as relações de disciplinamento. Imaginemos então o que os "azos" significaram para o regime: a ofensa mais brutal para as relações de dominação, já que a desobediência social ultrapassou todos os limites conhecidos, na tentativa de reapropriação que o campo popular realiza, de um espaço material e social que considerava próprio.

Nesse sentido, o Córdobazo possibilitou a elaboração de um conhecimento direto das condições em que se desenvolvia o enfrentamento, assim como a utilização, na prática, de experiências acumuladas. Ao mesmo tempo, favoreceu formas de conhecimento indireto, que as forças sociais adquirem por meio de mecanismos complexos e da incorporação de quadros de distintas frações sociais.

O Córdobazo, que assombrou a todos, tinha sido provocado mas nao esperado. Que distinta leitura se fez desse processo ao qual todos chegaram tarde salvo as massas, e talvez por isso pôde se produzir. Não se tratava de pequenos grupos armados nem de situações detonantes, mas de um processo no qual de forma aberta e direta decidia-se ultrapassar os aparelhos armados repressivos na defesa de uma continuidade de movimento de protesto social acaudillado pelos setores operários e apoiado pelo resto da população. Transformou-se num processo com capacidade de convocar o resto do país, assumiu ao protesto social uma legitimidade fundada na grande maioria da população. Estendeu-se até 1971, e em seu desenvolvimento foi mostrando um conteúdo e uma forma social mutável e contraditória segundo fora o o canal da estrutura social na qual essa torrente se desenvolveu.

Os quadros combativos e revolucionários do movimento popular haviam assumido o "Córdobazo" como uma lição que as massas populares lhe haviam advertido acerca de qual era seu "estado de ânimo": estavam dispostas ao combate armado se fosse necessário, para a realização de suas mobilizações. Consequentes com essa reflexão se puseram natarefa de visualizar e exercitar praticamente a luta armada.

Através de uma permanente e lenta aproximação conseguiram experiências substantivas mas por muitos caminhos distintos e contraditórios, segundo foram suas âncoras sociais e ideológicas. Para os serviços de inteligência das forças armadas, e para as frações mais retardatárias da pequena burguesia, o "Córdobazo" foi a convocação ao início de uma guerra de caráter irregular largamente desejada, cujo objetivo fundamental estava centrado no aniquilamento dos quadros mais combativos do movimento popular, manipulando cifras que assinalavam as ótimas quantidades do aniquilamento. [...] Para uma fração "ilustrada" da burguesia a convicção da gravidade da situação a levou à conclusão de que era necessário assumir uma defesa estratégica de sua dominação, para ela era imprescindível valorizar novamente o sistema institucional que tanto havia depreciado, como forma de encontrar no descontentamento popular uma disciplina possível. (Marín 1984, p. 63–68)

Lanusse observa:

> O risco se adotar a decisão prometia êxitos de importância decisiva, não fazê-lo e prosseguir movendo-se no esquema tático era o risco absolutamente certo de ser aniquilado. A história de complôs e de conspirações desse tempo demontstra a que ponto as FFAA tinham estado fracionando a si mesmas [...] e como, inclunsive, tinha corrido o albur de que a subversão intensificara os efeitos e penetração [...] . A observação de um periodista, no sentido de que o exército era um leão ferido, tinha algo de válido. Só que as feridas não terminaram no leão, cuja vida pode se apreciar a uma simples vista. Como podem existir quem não compreenda, mesmo depois dos resultados, essa lógica?
>
> Era sensato, era militarmente aconselhável, cair agarrados com nossas reservas no terreno mais desfavorável? [...] A legitimidade da autoridade (que não é necessariamente uma legitimidade formal, constitui, em última instância, a única garantia da unidade das forças armadas. A unidade é impossível sem um enlace pela doutrina que inifique porque, como disse Jaques Maritain,
>
>> As reservas morais e espirituais não são um instrumento nas mãos dos possuidores da autoridade: são o poder por si mesmo. Para ganhar uma guerra, no final e, mais, para fazer perdurar um triunfo não só é importante ter mais e melhores tanques ou canhões, mas também é importante ter razão.

(Lanusse 1977, p. 45)

Porém, o Córdobazo somente dá início à guerra. Em 1971, no final de fevereiro, Córdoba ardia novamente com mobilizações operárias contra as demissões nas plantas automotivas, seguidas das ocupações de fábricas e tomada de reféns. O governador militar Bernardo Bas nega-se a reprimir as mobilizações, com medo de que se repetissem os acontecimentos de 29 de maio de 1969.

Levisgton o destituiu, nomeando para o lugar o ex-deputado conservador Camilo Uriburu, que qualificou as mobilizações operárias como "uma víbora cuja cabeça vamos cortar". Vinte e quatro horas depois de sua ascensão, a CGT convocou uma greve geral e a mobilização nas ruas, encabeçada por Sitrac-Sitram, a quem o povo chamou de "Viborazo". A repressão deixou um morto, 19 feridos e 258 presos. Pela primeira vez na história do país as mobilizações operárias levavam bandeiras guerrilheiras dos Montoneros, FAR, FAP e ERP, que simbolizavam não somente a luta pelo retorno de Perón, mas, também, pela instituição do socialismo.

Lanusse, comandante em chefe do Exército, solicitou a renúncia de Levington. A junta militar nomeou-o presidente. (Seoane 1991, p. 142)

As organizações armadas se engajam nas formas de luta do movimento operário. Andrés Pascal Allende, conta que, em uma visita à Argentina, "el negro Mauro" o leva para conhecer o sindicato de *Luz y Fuerza*. E, comentando o episódio, diz:

> El nos llevó a distintas reuniones, a un asado, a una actividad interna del PRT, y nos invitaron a comer al sindicato de Luz y Fuerza, donde conocimos a Agustin Tosco. Nos impresionó llegar al sindicato y ver a mucha gente armada con metralleta, como un ejemplo de la extrema militarización política en Argentina. Si por fuera no se notaba, cuando uno se iba metiendo en las organizaciones políticas, se daba cuenta del antagonismo y el encono que se incubaba, una violencia más extendida que en Chile. (Seoane 1991, p. 219)

O Rosariazo

Também em 1969 emerge um conflito que se estende a todo o país, mas que tem influência decisiva no Rosariazo. Ele se desenvolve dentro da Igreja Católica. A discussão sobre a forma como se deve implementar a política da Igreja na Argentina leva a uma série de enfrentamentos que concluem na renúncia de 30 sacerdotes católicos, pertencentes à cidade de Cañada de Gomez e outras localidades ao Sul da província de Santa Fe. As renúncias foram apresentadas ao bispo da cidade de Rosário, Monsenhor Bolatti, que as aceita.

Esses 30 sacerdotes criticam a falta de sensibilidade social de Monseñor Bolatti e resolvem romper com o II Concilio Vaticano e a Encíclica Populorum Progressio.

A partir de então, "se desencadeia uma série de ações de apoio e solidaredade com os sacerdotes renunciantes. Clérigos, laicos e dirigentes em geral organizam mobilizações que chegam a reunir cerca de 3 mil pessoas. Finalmente, enviam um documento ao bispo solicitando-lhe uma entrevista. No dia fixado para a entrevista no bispado, em vesz de encontrar o bispo se encontram com o comando Radioelétrico da Província de Rosario." (Beba Balvé e Beatriz Balvé 1989, p. 22)

Paralelamente a esse conflito, não só se ocupam vicariatos no interior da província de Santa Fe como prosseguem as mobilizações em Rosario, produzindo-se enfrentamentos em lutas de rua, com barricadas, em diferentes ocasiões. Há feridos à bala em ambos os lados. Em 22 de julho, na cidade de Cañada de Gomez, em adesão aos sacerdotes renunciantes e em repúdio à política de Monsenhor Bolatti, eclode uma greve geral na região, organizada pelo movimento operário, com a solidariedade do comércio local.

Simultaneamente, desenvolve-se um conflito, que começa em Rosario, envolvendo os trabalhadores do Ferrocarril, mas que acaba por estender-se ao resto do país. A greve se superpõe à paralisação geral de 27 de agosto desse ano, nos 72 grêmios que constituem a *"Comisión de los 20"*, exigindo do governo: liberdade para os presos políticos e sindicais, revogação do estado-de-sítio, restituição das organizações sindicais sob intervenção, aumento de salários e congelamento de preços, reincorporação dos afastados por estarem engajados em causas sindicais e suspensão da intervenção da CGT.

As Ações

A *concentração* está programada para às 18 horas, na praça "25 de Maio". O objetivo é realizar uma marcha silenciosa, em sinal de luta pela morte do estudante Bello. A marcha passará pela Galeria Melipal, na qual o jovem foi morto, seguindo depois para a sede da CGT.

Balvé nos conta:

> Nesse enfrentamento não se mediu nenhuma parada de atividades. Nos encontramos com um deslocamento da população para o lugar de concentração que parte de diferentes e múltiplos pontos geográficos onde não se encontram organizados em colunas mas em grupos, conjuntos de pessoas, gente. Não levam cartazes que os identifiquem nem partem de lugares de trabalho. É população que se desloca, congrega, arma, luta, desarma, reagrupa, junto aos que se solidarizam, acompanham, colaboram, simpatizam. (Beba Balvé e Beatriz Balvé 1989, p. 98-99)

A tática das forças policiais é impedir que a marcha chegue e se concentre na praça 25 de Maio. Para isso, a cidade está fortemente policiada por contingentes do Esquadrão de Cavalaria, soldados da Infantaria, Unidades do Comando Radioelétrico, carros de assalto, caminhões hidrantes e centenas de agentes, civis e uniformizados.

Uma vez iniciada a concentração, as forças policiais ordenam insistentemente que se desfaça. Ante a desobediência, começa a repressão, que desmembra o grupo em vários. Os manifestantes mudam de tática e se dividem em seções. Iniciam-se as ações de constante ataque às forças policiais e de revide, o que dura cerca de cinco horas, naquele 21 de maio.

Nesse espaço de tempo, os enfrentamentos ocorrem dentro da cidade, tendo como objetivo desocupar o caminho até a sede da CGT. Os encontros se organizam em focos de luta, "estão compostos por grupos de pessoas que se armam, desarmam e voltar a armar constantemente, sem abandonar o terreno da luta, o que faz com que apareça em grandes titulares dos diários a imagem de 'guerrilha em Rosario', 'primeiro antecedente da guerrilha urbana em Rosario.'" (Beba Balvé e Beatriz Balvé 1989, p. 103)

A polícia consegue interromper essas ações, que, entretanto, logo se retomam, com o reagrupamento dos manifestantes. Começa *a queima de papéis*.

> Os vizinhos nas varandas gritam a polícia "assassinos, assassinos" jogando papéis e todo tipo de elementos para alimentar o fogo. Os advogados colaboraram jogando livros de textos jurídicos das varandas de seus escritórios. Daqui em diante esse método se generaliza. (Beba Balvé e Beatriz Balvé 1989, p. 106)

Um terceiro momento é o de *construção de barricadas*[6]. Balvé nos relata:

> Pode-se ver centenas de "rebeldes", muitos deles identificados com braceletes de cores distintas, indo e vindo, carregando materiais, levando e trazendo pedras, madeiras, paus e caixas. Para transportar todos esses elementos usam os carrinhos extraídos das obras em construção na área. Tornam-se coletivos e são colocados nos cruzamentos para obstruir o deslocamento da polícia. (Beba Balvé e Beatriz Balvé 1989, p. 106)

6.

Com isto, até na época clássica das lutas de rua, a barricada tem mais eficiência moral que material. Era uma forma usada para quebrar a firmeza das tropas. (Engels 1974, p. 26)

Começa, então, o combate de rua. As massas se afirmam em sua posição, atirando contra a polícia tudo que encontra à mão, obrigando-a a recuar cada vez mais. A grande quantidade de gases lacrimogêneos força a retirada. A cavalaria também capitula, depois que vários soldados são golpeados e desmontados. Simultanemente, prossegue a construção de barricadas. Às 21 horas, as forças policiais recuam.

Nesse momento, sem a polícia nas ruas, a mobilização se reagrupa e marcha em direção à sede da CGT. Nas casas, as famílias fazem coro, gritando as palavras de ordem do movimento.

Algumas quadras antes da CGT encontra-se a emissora de rádio LT8. Alguns manifestantes atiram pedras e paus contra o edifício. Outros entram e ocupam a rádio. Lá dentro, e ante a impossibilidade de tomar a cabine de transmissão, destroem cadeiras, mesas, máquinas, etc.

Os que permanecem na rua se dividem; uns tomam a direção da CGT e outros o caminho da Chefatura de Polícia.

A ocupação de um espaço que pertence ao Estado é considerado como uma apropriação de território próprio, pela polícia e demais forças de segurança. Estas conseguem retomar o edifício da rádio e impedir o avanço sobre a Chefatura de Polícia. Nesse enfrentamento, morre o operário-estudante Blanco.

Em 24 horas começa a greve geral convocada pela CGT unificada.

Nesse quadro, Rosario é declarada "zona de emergência", sendo ocupada militarmente por efetivos do II Corpo do Exército. São apresentados 15 declarações militares, constituem-se os Conselhos de Guerra e se implanta a pena de morte. No dia seguinte, começam as prisões.

Confluência de conflitos: a greve geral em Rosario

No dia 19 de maio, os sindicatos de Rosario, em sua maioria ligados à CGT "A", divulgam um comunicado conjunto pelo qual se resolve:

1. decretar uma greve por 24 horas, a partir da zero hora do dia 23, em repúdio ao fatos que são de domínio público;

2. constituir uma coordenadoria intersindical, para que convoque um plenário de organizações gremiais para o dia 21, às 20 horas, no Sindicato del Vidrio (azopardistas), com a missão de convocar todas as organizações sindicais, sem exceção, para que ratifiquem a medida tomada e para planejar a ação a se desenvolver;

3. independentemente, as duas CGTS devem realizar as plenárias previstas para aconselhar o comparecimento ao plenário do dia 21;

4. as CGTS se comprometem a elaborar um documento público conjunto

Na reunião do dia 20, a comissão diretiva da CGT "A" propõe aos participantes da assembléia solicitar a adesão do comércio local à "Marcha de Silêncio", bem como a um documento que contém os seguintes pontos:

1. realização de uma greve geral em 23 de maio, de protesto contra a morte do estudante Bello;

2. protesto contra as medidas impostas pela intervenção na universidade;

3. luta em defesa da indústria nacional;

4. repúdio à política social e econômica do governo.

O plenário geral a se realizar no dia seguinte com as centrais operárias acaba por convocar a maior assistência possível.

A greve geral de 23 de Maio

A paralisação total deflagrada em 23 de maio se faz efetiva em uma cidade ocupada militarmente, na qual funcionam tribunais militares, apesar de contra estes se insurgirem advogados e juízes. A pena de morte estava em vigor.

Naquele dia paralisaram-se todas as atividades, nos setores industrial, comercial e de serviços. Nas universidades e escolas secundárias as aulas foram suspensas com antecedência, já que as unidades acadêmicas estavam encerradas desde o dia 21.

No dia 23 combina-se a parada geral decretada pela CGT com o sepultamento de Blanco. Às 8 da manhã, uma multidão se concentra no bairro Sarmiento, para acompanhar o enterro do operário-estudante. Da casa de onde saíra o caixão até o cemitério eram 90 quadras. O féretro se faz acompanhar por operários, estudantes e pessoas moradoras ao longo do caminho percorrido. Para não interromper a marcha, os operários ferroviários levantam barreiras, suspendendo temporariamente a circulação dos trens.

A Unión Obrera Metalúrgica assumiu os custos do funeral, já que Blanco era operário metalúrgico, enquanto a Frente Estudantil Nacional organizava uma coleta entre os estudantes.

Os operários e as comissões internas das fábricas Marathon, Metcon e Acindar, de Villa Constitución, pertencentes à uom, rendem sua homenagem, enviando uma coroa de flores.

O Centro Comercial e Industrial convida seus associados a cerrar as portas a partir das 18 horas, em adesão à luta e o secretário geral da delegação da cgt declara que "a política do governo é contrária aos interesses dos trabalhadores e dos estudantes."

Capítulo 6

A construção do poder no campo popular

O processo de formação de poder nos remete ao processo de formação de uma força. Neste ponto é interessante incorporar a contribuição de Clausewitz, porque, na medida em que o autor mostra que uma força militar é, fundamentalmente, uma força social, de caráter moral e material, adverte-nos de que o caráter de uma força militar não pode estar reduzido aos implementos materiais dessa força social. Uma força militar não se reduz a sua força material, e menos ainda a sua força, estritamente falando, militar, de armas. O autor nos chama a atenção para o fato de que o poder e/ou a força dessa força militar reside, em especial, na articulação entre o que ele considera força moral e força material. (Marín 1981, p. 81)

O poder *não é uma propriedade* localizada em um âmbito específico, mas, sim, *uma relação*. Consideramos que as relações de poder se *constroem*, sendo seu território de construção os enfrentamentos. O poder se produz tendo, portanto, um caráter "positivo" mais que "repressivo". Isso nos leva, também a uma caracterização diferente do poder, distante da reducción ao poder-lei, poder-soberania, poder-força.

Foucault destaca:

> Por poder não quero dizer "o Poder", como conjunto de instituições e aparelhos que garantem a sujeição dos cidadãos em um

"

Estado determinado. Tampouco indico um modo de sujeição que, por oposição à violência, teria a forma da regra. Finalmente, não entendo por poder um sistema geral de dominação exercida por um elemento ou grupo sobre outro, e cujos efeitos, graças a sucessivas derivações, atravessaria todo o corpo social. A análise em termos de poder não deve postular, como dados iniciais, a soberania do Estado, a forma da lei ou a unidade global de uma dominação, estas são melhores formas terminais. Parece-me que por poder deve-se compreender, primeiro, a multiplicidade das relações de força imanentes e próprias do domínio em que se exercem, e que são constituintes de sua organização, o jogo que por meio de lutas e enfrentamentos incessantes transforma, inverte, os apoios que tais relações de força encontram umas nas outras, de modo que formem em cadeia o sistema, ou, ao contrário, os turnos, as contradições que isolam umas de outras; as estratégias, por ultimo que as tornam efetivas, e cujo desenho geral ou cristalização institucional toma forma nos aparatos estatais, na formulação da lei, e as hegemonias sociais...

Onipresença do poder: não porque tenha o privilégio de agrupá-lo todo sob sua invencível unidade, mas porque se está produzindo a cada instante, em todos os pontos, *ou melhor em toda relação entre um ponto e outro*. O poder está em todas as partes; não engloba tudo, mas vem de todas as partes. E *o* poder, no que tem de permanente de repetitivo, de inerte, de auto reprodutor, não é mais que o efeito de conjunto que se desenha a partir de todas essas mobilidades, o encadenamiento que se apoia e cada uma delas e trata de fixá-las. Deve-se ser nominalista sem dúvida: o poder não é uma instituição, e não é uma estrutura não é certa potência da qual alguns estariam dotados; é o nome que se presta a uma situação estratégica complexa de uma dada sociedade. (Foucault 1987a, p. 1123 e 113–115)

O enfrentamento não é posterior à existência de estratégias, como a luta não é posterior à existência das classes. É a sucessão de enfrentamentos o que configura as estratégias, e é a luta que configura as classes.[1]

1. Consideramos que os termos "lucha" e "clases" não se podem separar. Algumas posturas marxistas primeiro realizam uma classificação dos indivíduos para os situar em uma classe, e logo analisam sua luta. Contraponde-se a esta visão, Juan Carlos Marín assinala:

Não se trata de encontrar que vem primeiro: se as classes ou sua luta, señao de entender que é o processo mesmo da formação de uma estrutura de classes, ou, o o

O campo popular constrói poder de uma maneira diferente da que faz o regime. O tipo de enfrentamento que deve construir e exacerbar é diferente quando se compara à forma pela qual o capitalismo reproduz e amplia as relações sociais que o definem.

É interessante trazer algumas reflexões de Santucho, nas quais expressa um dos principais principais objetivos dos enfrentamentos armados nos quais o ERP se envolvia:

> Santucho havia reiterado em uma carta a Urteaga, datada em 3
> de março (de 1972), a necessidade de "evitar de todos os meios que
> os companheiros disparem a matar se não for em legítima defesa".
> (Braun 1973)

Cazes Camarero, entrevistado por Maria Seoane, sobre a vida de Santucho, diz:

> A violência não era para ele uma forma de catarse. Na realidade
> dizia que era um recurso não desejado, inclusive tratava de que o
> nível de violência aplicado pela organização fora o menor possível.
> Nesse sentido, o PRT-ERP não utilizou a violência como uma forma
> de frenesi caótico, o que acontece é que Santucho entendia a violên-
> cia como uma espécie de fatalidade que vinha imposta desde fora e
> que não havia forma de pará-la mas contrapor-lhe a violência po-
> pular. (Seoane 1991, p. 170)

O discurso da burguesia homologa as ações armadas como ações violentas, pressupondo igualdade de motivos e efeitos. Como já vimos assinalando, para o campo popular, a radicalização dos enfrentamentos com a consequente incorporação de armas materiais, supõe e assume um significado diferente do que tem para a classe dominante.

O objetivo das ações armadas para o campo popular é a construção de poder, de situações de poder. Incorpora-se a uma greve, incorpora-se a uma passeata, incorpora-se a ocupação de um estabelecimento para potencializar a capacidade

processo mesmo de seu desenvolvimento (de existência de uma formação social) pressupõe não só a gênese ou a formação de classes sociais senão que, a gênese e o desenvolvimento mesmo das classes sociais é a forma na qual se enfrenta o enfrentamebnto entre elas. (Marín 1981, p. 18)

O processo de formação de uma classe leva a observar que o processo de enfrentamento em uma sociedade dá, por um lado, como consequência a existência mesma das classes, e por outro, uma determinada forma na concepção da luta de classes. *As classes sociais são produto de um enfrentamento.*

Tabela 6.1: Ações armadas de 5/73 a 3/76

Ano	#	%
Primeiro ano	1760	20,7
Segundo ano	2425	28,5
Terceiro Ano	4324	50,8
Total	8509	100

Tabela 6.2: Ações armadas com baixas de 5/73 a 3/76

Produzindo	Ação subversiva		Ação antisubversiva	
	#	%	#	%
Mortos e feridos	624	75,5	639	30,2
Detidos	203	24,5	1479	69,8
Baixas	827	100	2118	100

de enfrentamento. Para a burguesia, o objetivo central é o aniquilamento de seu inimigo: sabe que está em uma guerra; o campo popular, não tem essa consciência como conjunto.

Juan Carlos Marín faz uma pesquisa sobre a prática das ações armadas na Argentina, que intervém na luta teórica que se desenvolve na hora de entender e de explicar o processo.

A tendência às ações armadas tendem a crescer entre 1973 a 1976. (Marín 1984, Tabelas da p. 120 em diante)

A leitura oficial, que avançava desarmando o campo popular, concluía que "reprimidos" e "repressores" eram dois extremos de um mesmo processo, já que nos dois a violência era a mesma. Uns eram delinquentes e outros "se excediam". Esta visão prejudicou a interpretação dos fatos. *"Esta imagem, do crime e castigo, mancha quem morre e como o faz, pressupõe uma contabilidade sem sujeito, necessária e adversa por definição."* (Marín 1984, p. 124–125)

A imprensa mostrava os números resultantes desses enfrentamentos (Tabela 6.2).

A interpretação burguesa feita dos números conclui que os "subversivos" matavam suas "vítimas", enquanto as forças armadas detinham seus adversários. Em parte, o campo popular assumiu essa visão.

Juan Carlos Marín pregunta se não é possível realizar outra leitura, e a cons-

Tabela 6.3: Ações armadas no período de 5/73 a 3/76[2]

Ação	Com baixas		Sem baixas	
	Número	Porcentagem	Número	Porcentagem
"Subversiva"	827	28,1	4538	81,8
"Antisubversiva"	2118	71,9	1009	18,2
Total	2945	100	5547[*]	100

trói saindo do recorte analítico do regime, que somente enfoca os enfrentamentos que produzem baixas. Porém, o universo dos mesmos contém os enfrentamentos nos quais não se verificam baixas. Então, o autor retoma esse conjunto e chega a organizar os dados da Tabela 6.3.

Quando olhamos os números, a verdade vira do avesso. Juan Carlos Marín explica:

> O contexto que toma o inimigo para suas argumentações leva implícito um recorte do conjunto total dos feito, constrói suas proposições só fazendo referência ao conjunto dos feitos armados que produzem baixas; o resto do total dos feitos (65,4), não os considera, é dizer, que as condições que sua "verdade" se restringem apenas a 34,6% dos feitos.
>
> Mas é justamente o obscurecimento dessa porção da realidade o que constitui uma tática tradicional de suas argumentações, seu interesse no manejo da realidade e suas figuras não está centrado na vocação de saber, mas de poder. Um poder que permanentemente deve apelar a um violentamento da realidade para formar-se e realizar-se. (Marín 1984, p. 124–125)

Vejamos como se distribuem as baixas no interior de cada força:

O grosso das baixas não pertence a uma força armada, mas, sim, ao campo popular. As "massas mobilizadas" e os "militantes políticos de base" sofrem um grande impacto: nesse período, 66% do total das baixas incluem mortos, detidos e feridos. Mas 80% de mortos se contam no primeiro ano. As massas desarmadas são o objetivo fundamental do regime.

Como temos registrado, a partir das declarações de Lanusse, el Exército tinha clara sua análise sobre seu inimigo. Sabia que esse inimigo real era *la fuerza*

2. Faltan 17 casos em que não se possui informação concreta.

Tabela 6.4: Mortos e feridos no primeiro ano (5/73–4/74), pertencentes ou não a uma força armada

Setores	Forças armadas		Não forças armadas	
	Número	Porcentagem	Número	Porcentagem
"Subversivos"	32	27	568	89
"Antisubversivos"	86	73	68	11
Total	118	100	636	100

social que se vinha constituindo com uma política anticapitalista e não somente as organizações armadas. Por isso, começa aniquilando militantes de base, dirigentes sindicais: realiza um processo de isolamento no interior dessa força social, destruindo os corpos que articulam as diferentes partes da aliança.

Guillermo O'Donnell comenta que, na Grande Buenos Aires, 45,5% da população justificavam a guerrilha, enquanto, no interior do país 49,5% o faziam. Esse índice de simpatia crescia em cidades como Córdoba e Rosario. (O'Donnel 1982)

Como temos dito, as formas armadas da luta de classes são determinadas pelo estágio real em que se encontra a consciência de massas. Apesar disso, as organizações armadas não conseguiram divisar o trabalho de aniquilamento no qual seu inimigo estava empenhado. Só o percebeu quando a derrota já era inevitável, quando a retaguarda de sua força já tinha sido varrida.

Vejamos a distribuição das baixas no interior do movimento popular (Tabela 6.5)

Marín registra:

> Para essa retaguarda não houve uma política militar ao alcance de suas forças; tampouco as organizações armadas viram a necessidade de elaborar formas de autodefesa armada ao alcance das frações sociais que politicamente se sentiam convocadas às ações, ao ativismo, e que se enfrentavam desarmadas e impotentes ante as ações terroristas da política clandestina que buscava seu aniquilamento. (Marín 1984, p. 149)

As organizações guerrilheiras adotavam as ações armadas para construir e consolidar sua força social, articulando suas armas com as "armas" dos outros e potencializando a capacidade de enfrentamento em cada nivel em que se expres-

Tabela 6.5: Baixas (mortos, feridos e detidos) no campo popular durante de 5/73 a 4/74

	Organizações armadas		Quadros políticos e sindicais		Massas mobilizadas e militantes políticos de base	
	#	%	#	%	#	%
Mortos	32	8,2	82	25,2	465	32,8
Detidos	359	91,8	244	74,8	952	67,2
Total	391	100	326	100	1417	100

sava. Porém, não tinham como objetivo o aniquilamento do inimigo.

Queremos citar dois exemplos ilustrativos do que estamos expondo. Nas resoluções do V Congresso do PRT, cita-se o primeiro "plano militar" do ERP, onde se resumem as ações a realizar: expropiação de dinheiro, recuperação de armamentos, tomada de cidades, libertação de presos e sequestros, a se promoverem em diferentes pontos do país. (Seoane 1991, p. 140)

> Em 23 de maio de 1971, o ERP sequestrou o cônsul honorário britânico e gerente do frigorífico Swift em Rosario, Stanley Silvester, liberado dias depois. A imprensa se encarregou de medir a legalidade política dessa audácia. O diário *A Opinião* de 2 de julho disse: "A guerrilha quer se afiançar como protagonista do processo político" e comentou que "as negociações entre os guerrilheiros e a empresa deram como resultado um câmbio nas condições de trabalhos dos operários, a repartição de bens de primeira necessidade nos bairros pobres de Rosario, dos feitos que nenhum grupo político pôde acreditar em fazer nos últimos cinco anos". O prestígio dos guerrilheiros – cuja quantidade o periódico New York Times exagerava em mais de seis mil, entre peronistas e marxistas, crescia de maneira inversamente proporcional à deterioração do governo.[3] (Seoane 1991, p. 146–147)

3. Miguel Bonasso, também comenta, referindo-se a um advogado trabalhista de Santa Fé, que havia alcançado certa notoriedade na juventude democrata cristã:

Enquanto o Exército declarava uma guerra frontal, avaliava a própria força e se preparava para aniquilar o adversário, o conjunto total da força social do povo não tomava conciência dele. Permanecia desprotegido ante a ofensiva, não porque não dispusesse de "armas" para enfrentá-lo, mas, sim, porque não conseguiu tomar conciência a tempo da envergadura do combate em que já estava envolvido.

O ataque que haviam iniciado contra o conjunto das relações sociais capitalistas não era conceitualizado em toda a sua magnitude. Guerra não era somente o resultado das ações promovidas pelas organizações armadas, mas, também, *e fundamentalmente*, era o produto das ações do campo popular em seu conjunto: uma barricada como forma de enfrentar as forças de segurança do Estado, a ocupação de estabelecimentos privados e estatais. O regime foi mais eficaz na tarefa de construir uma política para o conjunto de sua força social.

O Viborazo[4]

Em 5 de março de 1971, a CGT Regional Córdoba constituiu um comando de luta ao qual caberia por em prática um Plano de Ação. Decreta-se, para o dia 12, uma greve, *com ocupação*, dos locais de trabalho. No documento em que comunica essa decisão "aos trabalhadores e ao povo", a CGT diz:

> 2 — Essa inexorável lei do sistema capitalista tipifica as duas
> grandes forças que lutam no país: por um lado, querem de uma
> ou outra forma estar vinculados às potências imperialistas, por

Contava-se uma anedota: o proprietário de uma obra se negava a pagar as diárias que tinham sido trabalhadas depois de uma greve. O outro Careca (o advogado) tinha tirado uma .45 da cintura e o tinha persuadido. (Bonasso 1994, p. 259)

4. O novo governador de Córdoba, Uriburu, anuncia:

> Ninguém ignora a sinistra organização anti-argentina que dirige aos que querem conduzir uma contra-revolução e têm escolhido à Córdoba como epicentro para sua covarde manobra. Por isto, e nestas circunstancias, não posso me limitar a uma enunciação de princípios acadêmica, lírica ou de números; declaro sim que entre confundida entre a múltipla massa de valores morais que define a Córdoba, se aninha uma cobra venenosa cuja cabeça, peçoa Deus, me de a honra histórica de cortar de uma facada só. (discurso pronunciado na ocasião da *Fiesta Nacional del Trigo*, na presença do Presidente de la Nación, Gral. Levingston, no dia 7 de março de 1971, citado por Beba Balvé, Murmis et al. (1973, p. 24)).

Estas declarações, ainda mais da boca de um *Uriburu*, foram tomadas como uma provocação por varios setores do campo popular. Por isso, esse novo "azo" foi chamado de "Viborazo".

outro, aqueles que suportaram a exploração e que constituem
a enorme maioria do povo argentino. Esta grande força nacional anti imperialista tem um único centro de poder: a classe
trabalhadora argentina organizada, que constitui a vanguarda
junto à qual devem lutar os demais setores nacionais e sofrem
os efeitos do colonialismo. Daqui que a luta dos trabalhadores
reconhece um profundo conteúdo nacional-revolucionário que
devemos assumir com plena responsabilidade. Nossa luta contra o sistema então, de todos os argentinos, que sendo ou não
assalariados sofrem os efeitos da dependência. [...]

4 — A Argentina, na atualidade, suporta uma das crises mais inten-
sas do seu sistema: ante o avanço revolucionário da classe trabalhadora, nossas forças armadas, que em outras horas se constituíram num respaldo de políticas de independência e desenvolvimento, se tem apropriado do governo, expressando uma
política econômico-financeira ditada pelo imperialismo. [...]

5 — Os argentinos e em especial o povo de Córdoba têm lutado
esses últimos anos com tanta energia e decisão, que tem tor-
nado insustentável a situação dos atuais órgãos de poder, que
cada vez mais — ante o fracasso das soluções oferecidas —
contemplam a possibilidade de retirar-se preparando previamente saídas eleitorais tramposas. No entanto, a crise geral
do capitalismo tem chegado também às forças armadas, cada
vez mais e em todos os níveis vai se compreendendo que não há
para a Argentina outra saída que não uma autêntica revolução
que sirva para criar e distribuir a riqueza argentina em marcos
de estrita justiça e inalienável soberania.

6 — [...] Nós, os trabalhadores, devemos apurar o processo de morte
desse sistema e com nossa AÇÃO acentuar suas contradições;
devemos, em definitivo, apertar a fundo o acelerador da história, para que a Argentina recupere o tempo que a oligarquia e
o imperialismo tem feito perder.

7 — Em nossa marcha devemos compreender que todos os nossos
problemas reivindicativos — pequenos ou grandes — são importantes, devemos compreender que a guerra só será ganha
ao se travarem múltiplas batalhas, hoje nessa de Córdoba em
1971, mas experimentada e endurecida ainda em maio de 1969,

temos começado uma nova batalha nessa grande contenda histórica que reconhece a classe trabalhadora como lutadora principal.

11 — Hoje, em Córdoba, que forjamos a grandeza nacional, desde talheres, fábricas, pedreiras, oficinas, etc., estamos dispostos a ratificar nossa vocação social sobre o princípio individual do sistema capitalista; temos assim tomado posse dos meios de produção e os serviços públicos. Reconhece, portanto, essa jornada um profundo conteúdo combativo e constitui o primeiro passo de um novo meio de protesto, mas que reconhece o simbolismo próprio da nova sociedade pela qual estamos dispostos a lutar.

12 — Ante o caos e a improvisação do inimigo, nos opomos em Córdoba, nossa frente de luta unida; com decisão e inteligência tática fortalecemos nossa vocação nacional revolucionária; assim encontraremos a vitória no caminho da ação.

Comando de Luta: CGT Regional Córdoba[5]

A greve começa às 10 horas. A ordem da Chefatura de Polícia é não intervir frontalmente, embora algumas frações repressivas contestassem a ordem.

Uma das primeiras ações ocorre em Villa Revol, onde se ocupam 180 quadras, até a Rodovia 9. O planejamento das ações está a cargo do Comando de Luta da CGT e, fundamentalmente, do Sindicato de Luz y Fuerza, na pessoa de Agustin Tosco. Dentro da Villa Revol, toma-se a central de EPEC (Empresa de Energia Electrica de Córdoba), cercada por grandes barricadas. Em seguida, o bairro também é isolado. Interrompe-se o tráfego na Rodovia 9, interceptando-se caminhões-tanque. Logo o bairro também é rodeado de barricadas. Um barril de óleo diesel, saqueado de um posto de gasolina, esparrama-se pelo asfalto. Também se toma a Villa El Libertador, cercado por barricadas, todo o bairro habitado por operários da Kaiser e da Ika-Renault.

A concentração começa tambem às 10 horas. A ela se somam empregados públicos, judiciais, bancários e comerciários. Lá também estão os advogados, que realizam, primeiro, uma assembléia nas escadarias do Palácio da Justiça. Os Centros de Medicina, Odontologia e Direito, da Universidade Nacional haviam con-

---

5. Beba Balvé e Beatriz Balvé 1989, p. 27–29.

vocado seus afiliados para uma concentração na Praça Colon, de onde seguiriam para a Praça Velez Sardfield. Dos grandes estabelecimentos fabris saem ônibus com destino ao centro.

Mas surgem discordâncias quanto à condução do ato. A SMATA propõe que a mobilização passe a tomar a cidade, apoiando que se amplie a ocupação de Villa Revol. Sitrac-Sitram, que é quem praticamente conduz o movimento, não quer acabar com o ato. O MUCS (organização ligada ao Partido Comunista) intervém. Seu representante, Canelles, defende que o ato deve transformar-se em uma assembléia que decidirá pela ocupação ou não da cidade.

> Sitrac-Stram, ainda que indeciso, parece apoiar o que foi dito por Canelles. Mas já é tarde; aos gritos de: "tomando Villa Revol...tomando Barrio Guemes...tomando o centro...Córdoba se move por outro veintinueve" [...] o ato começa a disgregarse. Junto ao monumento estão umas trezentas pessoas que discutem que se devia ter feito. (Beba Balvé e Beatriz Balvé 1989, p. 70)

A partir daquele momento começa a desconcentração. A massa se divide e se agrupa em quatro colunas, que vão avançando e tomando diferentes pontos da cidade. À medida que avançam vão construindo barricadas para proteger a retaguarda[6]. Porém o "Viborazo" não se converteu em um "Córdobazo", em parte pela habilidade política de Lanusse. Ele sabia que Córdoba explodiria novamente, mas estava satisfeito com o fato de que não o fizera juntamente com uma greve nacional. Um outro acontecimento como os que se verificaram em 1969 não só poria em jogo a estabilidade do governo, mas, também, a relação de forças entre as classes. Se o governo concentrasse, separadamente, suas forças nos prontos críticos, conseguiria manter o controle da situação. Por isso, era necessário que explodisse primeiro Córdoba. Segundo Balve, isso explicaria a "estupidez do governo, de nomear um reacionário ultramontano, como Uriburu", sabendo que a medida funcionaria como uma provocação.

6. Ilustrando a composição destas colunas, citamos novamente o trabalho que coordenou Beba Balve, sendo o único estudo de campo realizado no momento deste novo "azo".

> Frente a uma borracharia, duas mulheres, uma mãe de 50 anos e sua filha, de 25, negociam com o dono: "vai, nos da um pneu." O homem resiste: "para que as querem? Já tem bastante!" Alguns rapazes ameaçam intervir com outros métodos mais contundentes, mas as negociações continuam. No final, as duas mulheres conseguem seus pneus, que imediatamente são queimadas no centro da rua. (Beba Balvé e Beatriz Balvé 1989, p. 74)

Por otro lado, o Viborazo, é a primeira grande mobilização de massas na qual se agitam bandeiras de organizações armadas: Montoneros, FAP (Fuerzas Armadas Peronistas), FAR (Fuerzas Armadas Revolucionarias) e ERP (Ejército Revolucionario del Pueblo). A aparição dos Montoneros ocorre em 29 de maio de 1970, data em que executam Aramburu, depois de submeté-lo a julgamento por um tribunal revolucionário. No final de julho do mesmo ano, realiza-se o congresso do PRT (Partido Revolucionario de los Trabajadores), que, finalmente, decide criar o ERP, assumindo o começo da nova fase na luta armada.

Conforme temos sustentado, cremos que as organizações armadas surgem a partir de uma necessidade criada pela luta de massas, expressa em jornadas como Córdobazo, Tucumanazo, Mendozazo e Rosariazo. Por isso, não concordamos com Maria Seoane, quando se refere ao Congesso do PRT:

> Em 29 de julho se discutiu o tema central: como encarar a guerra revolucionária. A tarefa era gigantesca [...] Deviam, primeiro, armar-se; depois, *convencer a milhares de que os seguiram.* (Seoane 1991, p. 136)

Cremos que são as organizações armadas que seguem os tempos políticos das massas, e não o contrário. O momento armado da luta de classes já havia começado, ante a disposição das massas, claramente manifestada em 1969.

Capítulo 7

"Perón Vuelve"

"Campora Al Gobierno"

A QUESTÃO, para as frações mais lúcidas da burguesia, era como resolver a crise pela qual passava sem dar ao inimigo qualquer chance de acumulação. Era preciso estabelecer uma trégua, de modo a que se pudesse recompor as forças e retomar a iniciativa. O processo eleitoral cumpriu esse papel, já que, a partir de uma conceitualização equivocada do período, o campo popular começa a ser desarmado.

Lanusse observa:

> As forças armadas puderam manter sua coesão, apesar da crise e apesar dos erros. E em 25 de maio de 1973 foi dada a possibilidade, ao peronismo como governo e ao povo como protagonista, para resolver os dois problemas políticos fundamentais do país:
>
> - Um era o problema da ordem e paz interiores, já que o justicialismo deveria demonstrar que sabia e podia conviver com os outros setores civis, sem criar falsos antagonismos sectários;
>
> - outro era o problema da guerra, já que as autoridades constitucionais deveriam demonstrar que estavam aptas para concluir definitivamente a guerra contra a subversão. (Lanusse 1977, p. 272–273)

As eleições a cidadanização aparecem como válvula de escape, como forma de evitar a ascensão da luta de massas.

Marín considera:

> A cidadania, mais do que uma peculiar relação social estabelecida entre os indivíduos, relação do capitalismo que impõe relações burguesas entre os indivíduos mais que uma relação social, é um operador de poder da burguesia, um âmbito, uma reclusão, ou seja, um âmbito que não só isola e produz a ruptura de certas relações de classe entre os indivíduos, mas que constringe a certa docilidade desses indivíduos. *A cidadanização forma parte do processo de expropriação do poder dos corpos.* (Marín 1981, p. 101)

A burguesia produz uma ruptura nas relações sociais, impondo as de cidadania. Nega certas relações impondo outras. Não encara o indivíduo como o conjunto das relações sociais que o constituem, e a cidadanização legitima somente algumas.

Há outras relações que são negadas ou destruídas. Por exemplo, via sindicatos, legitima-se a luta econômica dos cidadãos. Seus integrantes são indivíduos que têm direito, dentro de certos marcos, de lutar pelo atendimento de suas necessidades básicas, não enquanto classe operária, mas sim como soma de indivíduos (parcial ou total) considerados como cidadãos, que impõem uma organização corporativa burocrática, para articular esta relação social. Isso não impede que, em determinado momento, esses indivíduos assumam a totalidade das relações em jogo, o que produz outro tipo de luta.

A convocação de eleições produz uma fratura importante nas lutas. O inimigo não se destaca com tanta clareza no conjunto. Até mesmo as organizações armadas fracionam sua ação política: Montoneros abdicam da luta armada nesse período, considerando a abertura democrática como uma conquista própria. As eleições foram o ponto de partida para o desarme poítico das massas.

O ERP define o processo eleitoral como um movimento tático do inimigo:

> A abertura eleitoral proposta pelo governo não é mais que uma das medidas para a contra insurgência ditada pelos Estados Unidos. Sem a farsa eleitoral contínua, nossa posição se adaptará à realidade política desse momento. (*La Opinión* 1971)

Perto das eleições, seus integrantes advertiam somente a guerra revolucionária poderia "recordar às massas que sua luta transcende por completo o episódio eleitoral"; que a volta de Perón era "uma vitória do inimigo" e não resultado da luta popular, conforme o senso comum indicava" (Seoane 1991, p. 196).

Em meados de maio, o ᴇʀᴘ fixou sua posição frente ao futuro governo e a publicou em mais de dois milhões de folhetos com o título: "Porque o ᴇʀᴘ não deixará de combater". Resposta ao presidente Cámpora. Redigidos por Santucho e refrendados por toda a direção perretista, neles se sustentava, em essência, o que já havia adiantado o chefe guerrilheiro aos jornalistas Foa e Streithourst: "o governo que Dr. Cámpora presidirá representa a vontade popular. Respeitosos dessa vontade, nossa organização não atacará o novo governo enquanto este não ataque o povo nem a guerrilha. Nossa organização seguirá combatendo militarmente as empresas imperialistas e as forças armadas contrarrevolucionárias. Mas não dirigirá seus ataques contra as instituições governamentais, nem contra nenhum membro do governo do Presidente Cámpora."

Os perretistas fundamentam sua decisão de não deixas as armas baseando-se na história dos golpes de Estado e nos sucessivos enganos sofridos pelo povo pelo chamado de Perón a "evitar a guerra civil", em 1955, o "desencillar hasta que aclare" em 1966 (frases de Perón nesses respectivos momentos). "O único sangue que não foi derramado foi o das oligarquias e dos capitalistas. O povo, em troca, viu morrer massacrados e fuzilados dezenas e dezenas de seus melhores filhos", se argumentava. As consignas finais eram: "nenhuma trégua ao exército opressor! Nenhuma trégua às empresas exploradoras! Liberdade imediata aos combatentes da Liberdade! Fora a legislação repressiva e total liberdade de expressão e organização ao povo! Pela unidade das organizações armadas! A vencer ou morrer pela Argentina." (Seoane 1991, p. 208)

Porém, essa análise não encontra eco entre os Montoneros. Jamais abandonou sua posição política, de subordinação a uma fração da burguesia, personificada em Perón.

Perón organizou seu movimento tendo em vista as eleições: Galimberti, da Juventude Peronista (ᴊᴘ), como seu delegado; José Ignacio Rucci, um dos exponentes da direita peronista, à frente da ᴄɢᴛ; e Cámpora, como candidato a presidente. Segundo o Gran Acuerdo Nacional (ɢᴀɴ), conduzido por Lanusse, seria reconhecida a legalidade do peronismo, com a condição de que Perón permanecesse em Madri. O regime militar sancionou uma cláusula proscriptiva: somente proderiam ser candidatos aqueles que estivessem no país antes de 25 de agosto de 1972. Perón esteve na Argentina em 17 de novembro de 1972, e, até 14 de dezembro, fez gestões públicas e privadas, para que se suspendesse a interdição pessoal. O FREJULI o exigiu em um documento e ameaçou com a abstenção em caso contrário. A UCR opinou que, se o peronismo podia apresentar outros candidatos os comícios seriam legítimos. E anunciou que concorreria com eles. A definição de Ricardo Balbín permitiu que Lanusse ratificasse a cláusula de 25 de agosto.

Ante o perigo de que se repetisse a situação verificada em 1963, quando o radical Arturo Ilia foi eleito presidente com 23% dos votos, e ante a falta de um candidato "justicialista", Perón desistiu de sua candidatura e indicou Cámpora.

Cámpora, peronista desde 1945, fora deputado "justicialista" e havia compartilhado a prisão e o exílio com John William Cooke. Mantinha boas relações com o sindicalismo e com as frações combativas do peronismo. Embora mais inclinado para a esquerda de seu movimento, apresentava-se como um articulador. É evidente, porém, que as frações de direita não viram com muita simpatia sua candidatura, razão pela qual, a partir daquele momento, começa uma luta brutal pela conquista de espaços dentro do peronismo e do Estado.

Em 25 de maio mais de um milhão de pessoas se concentram na Praça de Maio para a ascensão de Cámpora. A JP, Montoneros, FAR e FAP assumiram a organização do ato. Os sindicatos eram minoria.

A multidão impediu que o secretário de Estado norte-americano, William Rogers, e o presidente do Uruguai, Juan Maria Bordaberry, chegassem à Casa do Governo, onde Cámpora prestava juramento, pintou com *sprays* os uniformes militares e ocupou toda a área destinada ao desfile que deveriam promover. Os quartéias foram cercados, até que se firmou o acordo pelo qual os militantes das organizações armadas foram indultados. Enfim, ficou claro que os limites do regime constitucional estavam ultrapassados.

Não somente o Exército se sentiu atingido, mas também as demais frações que constituíam a força social do regime: a Juventude Sindical Peronista, o CdeO - Comando de Organización, o COR (em 1955 correspondia à Central de Operações de Resistência e, em 1973, correspondia ao Comandos de Orientação Revolucionária) somaram-se à cruzada que a Triple A havia iniciado contra "os infiltrados do movimento".

Vervitsky comenta:

> Centenas de repartições públicas foram ocupadas a partir dali pelos dois bandos. A Juventude Peronista havia promovido essa espécie de revolução cultural para expulsar de seus cargos funcioná-

rios comprometidos com os governos militares. O ramo sindical res-
pondeu com as ocupações preventivas, "antes que cheguem os trots-
kistas." (Vervitsky 1986, p. 19)

As ocupações promovidas pela direita peronista buscavam melhorar as posições quanto a cargos públicos, frente ao outro setor. Porém, em se tratando de
cemitérios, dependências administrativas, colégios, fábricas, universidades, cooperativas, clubes, um reduzido número de ocupações obedecia ao propósito de
assegurar o controle de todo tipo de comunicações.

Enquanto o Ministério do Interior era ocupado por Esteban Righi, um advo-
gado que exigia que a polícia usasse métodos humanos[1], o Ministério de Obras e
Serviços Públicos foi tomado, a empurrões e coronhadas, por Belisario Carrillo,
miltante do 20 de Novembro, que desbancou Horacio Zubiri. A Secretaria de
Comunicações foi ocupada por frações ligadas a José Rucci, secretário-geral da
CGT.

Também na luta "contra os infiltrados" a Juventude Sindical e o Centro de
Ação e Doutrinamento ocuparam, em Córdoba, duas emissoras de rádio - a LV3 e
a LW1. A Aliança Libertadora ocupou o Canal, as 62 organizações LRA 7 e o Edifi-
cio Central dos Correios. Na Capital Federal, tomaram-se três rádios com filiais
no interior. Em Rosario, a UOM, a UOCRA e a Aliança Restauradora apoderam-
se das emissoras LT2, LT3 e LT6, proibindo que se tocassem os discos de Horacio
Guarani, Mercedes Sosa e Osvaldo Pugliese.

Vervitsky comenta:

> Os ocupantes do canal 7 de televisão, na capital federal, orde-
> naram em nome do Tenente coronel Osinde e de Rucci que só se
> deveria ver na transmissão os cartazes dos sindicatos e que não se
> realizariam enquadres do Presidente Campora. [...]
> À agência oficial de notícias TELAM não era necessário ocupar,
> porque seus gestores eram Jorge Napp e o tenente coronel Jorge

---

1. Em um de seus primeiros atos de Governo pronunciou um discurso frente à primeira linha de
comando da Policia Federal compadecendo pelo papel que tinham de ser o "braço armado de um
regime injusto". Righi fustigou os policiais torturadores e anunciou que não permitiria mais nenhum
abuso. Uma vez que se passaram 48 horas e nenhuma das medidas anunciadas de depuração foram
tomadas, os próprios policias passaram da desolação à resistência. Começaram a atacar o Ministro
em comunicados nos jornais expressando o mal-estar na tropa. Righi, como outras frações do campo
popular, não entendeu que frente à provocação que tinha feito, só tinha como opção atuar depurando?
Pois, ao não faze-lo seu discurso foi como um boomerang que levou a que perdesse todo o controle
sobre a única força que estava sob seu comando.

> Obon, dois integrantes da cor de Gerneral Iniguez. (Vervitsky 1986, p. 21)

A esquerda peronista ocupou diversas repartições governamentais e ministérios, em geral numa ação determinada pelo próprio Cámpora. Desde as bases, essa confrontação se expressou fundamentalmente nas lutas intersindicais, que, neste período, são muito mais numerosas que as lutas econômicas. A disputa de poder dentro dos sindicatos alcança níveis muito altos, já que a pedra de choque da direita peronista era a dirigência sindical peronista.

Por outro lado, os Montoneros depõem as armas, vendo como uma vitória própria a democratização. E, dessa meneira, recortam a visão do processo na sua totalidade. As forças do regime conseguem visualizar e conceituar de outra maneira o conjunto de variáveis que definiram o subperíodo, assumindo o momento como um recuo estratégico, necessário antes de voltar à luta e, finalmente, derrotar o campo popular.

Com a abertura democrática, a imagem do "inimigo" começa a decompor-se: para algumas frações, a luta havia terminado em vitória, já que a meta ("Perón vuelve"), pela qual se havia lutado tantos anos, transformara-se em fato real.

Porém, isso não quer dizer que as bases se haviam desmobilizado.

Em 25 de maio de 1973 – no mesmo dia em que Cámpora presta juramento – se promove o "devotazo", pelo qual as massas lutam pela libertação dos quadros políticos que estavam presos por envolvimento em ações armadas. Há uma correlação com o triunfo nas urnas, porém os canais constitucionais foram transpassados.

Maria Seoane, descreve da seguinte maneira esse momento:

> Ao fim da tarde de 25, milhares de manifestantes com tochas, cartazes e bandeiras, se dirigiram à prisão de Villa Devoto. Mais de cinquenta mil pessoas rodearam a cadeia portenha; bandeiras do erp, far, Montoneros, flamearon em sua torre. Os presos das organizações guerrilheiras, por sua parte, haviam tomado a cadeia esperando a multidão que permaneceu penitente e impenetrável até que Juan Manuel Abal Medina, secretário geral do Movimento Peronista, tendo subido às torres superiores da Penal, anunciou com um megafone que havia sido decretado um perdão. Nunca o bairro de Devoto havia vivido um júbilo maior. Os cables anunciavam que na cidade de Rawson se viviam cenas similares. Naquela noite foram libertados 371 presos políticos, porém foram baleados dois militantes

de esquerda nas portas da penal. Em 26 de maio, o Congresso aprovou por aclamação uma lei de anistia ampla e generosa, e revogou toda a legislação repressiva: lei anticomunista e fuero anti subversivo, entre outras. Em 28, Cámpora restabeleceu as relações diplomáticas com Cuba. Os argentinos percebiam o início de uma nova era. Imediatamente começaram as mobilizações, ocupações de edifícios públicos e fábricas, em demanda de postergadas reivindicações sociais, econômicas e políticas. A juventude peronista e a esquerda lideravam majoritariamente o protesto. (Seoane 1991, p. 209–210)

Consideramos esse fato de importância fundamental para se conseguir entender o processo argentino. Foi a legitimação mais palpável na luta armada de diferentes facções. Isso significou uma demonstração clara do poder da aliança que expressavam. Apesar dessa convergência tática, os combatentes revolucionários dividem suas forças: a maioria passa para uma expectativa de se desarmar, seguidos por aqueles que continuam com as hostilidades e ao menos se desarmam como mostra de sua incorporação ao movimento triunfante.[2]

Ezeiza: a guerra em "campo aberto"

O regresso definitivo de Perón a Ezeiza acontece em meio a uma luta em campo aberto, entre a direita e a esquerda peronista – convertendo-se em um fato que pré-configurou a maneira pela qual se daria o enfrentamento nos anos que se seguiram. Mas, ainda, mostrou a firmeza da decisão e a iniciativa dos setores reacionários, muito superior à dos combatentes revolucionários e a incapacidade do peronismo, de promover a unidade das massas.

2. Maria Seoane cita um relato de uma conversa entre José Carlos Ramos, então militante do Peronismo de Base (PB) e Santucho. O primeiro relatou:

Santucho tinha um anti-peronismo visceral, de fato obsessivo. Um dia me disse: "olha, se você chega a um país e você encontra milhares de caras ajoelhados em uma praça, adorando a lua, porque acreditam no seu poder divino, que você faz? Eu seguiria em frente e tentaria construir outra coisa que os comovesse, que pudesse dar fe em sim mesmos." Eu disse – e entendo que nessa discussão estava a essência de nossas diferenças políticas com Santucho: "se eu chego em um pais e encontro todos ajoelhados às nove da noite porque acreditam na lua, provavelmente me ajoelho também pra ver o que acontece, o que sinto junto com eles e depois vejo o que eu faço." [...] Santucho se referia ao Peronismo e a Perón. (Seoane 1991, p. 143)

Cremos que em Ezeiza começa a tomar a forma que assumirá o enfrentamento na Argentina: a guerra em campo aberto.

A direita peronista monta um aparto espetacular, para mostrar quem conduzia, na realidade, o peronismo. A Polícia Federal havia elaborado um plano de segurança que contemplava quatro objetivos: organizar o trânsito de pessoas no ato de recepção, garantir a segurança da população e prevenir incêndios e emergências sanitárias. Além disso, apresentou uma série de sugestões quanto à segurança do palanque, combinadas com o Comitê de Recepção. Vervitsky conta:

> O informe propunha utilizar as colunas de iluminação que fazem fronteira com a ponte para fechar o cercado do palco com um contorno de 50 metros de raio. Em seu lado norte havia uma só abertura móvel, sobre um caminho asfaltado, para o pouso do helicóptero presidencial, a apenas 30 do estrado. A parte interna do cercado seria controlada por 1 200 policiais especializados. Os técnicos policiais previam que o público pressionaria sobre a primeira linha diante e atrás do palco e aconselhavam construir outro cerca externo ao primeiro, seguindo as quatro folhas circulares que em forma de trevo circundam a ponte. Entre os dois cercados haveria um corredor livre de uns cinquenta metros, pelo qual poderiam se movimentar jornalistas, fotógrafos e câmeras.
>
> O ponto mais significativo do projeto policial recomendava que esse cercado externo, que estaria em contato direto com o público, fosse controlado por pessoas com braceletes e designadas pelo Comitê de Recepção [...] . Os recaudos deveriam estar a cargo de militantes políticos na primeira linha e de pessoal policial na segunda. Sem armas os primeiros, cuja tarefa era a persuasão. Preparados para atuar somente em caso de extrema necessidade os segundos. Esse simples esquema não se compadecia com as atribuições políticas que o comitê encarregado dos aspectos técnicos da segurança pretendia assumir. Assim, o acesso por trás do palco foi proibido aos manifestantes, e os policiais profissionais suplantados por militares afastados e ativistas sindicais armados. Sua missão não era garantir a segurança do ato, mas o predomínio das posições avançadas dos contingentes de suas organizações. (Vervitsky 1986, p. 30)

Em primeiro lugar, o aparato sindical e as frações mais reacionárias do peronismo ocuparam o Comitê de Recepcão, sob a responsabilidade de José Rucci,

Lorenzo Miguel, Norma Kennedy, Jorge Manuel Osinde e Juan Manuel Abal Medina. O grupo conseguiu centralizar a organização e marginalizar o governo (somente Abal Medina representava as frações mais de esquerda, na qualidade de secretário-geral do Movimento Justicialista). Teoricamente, uma comissão oficial, integrada, entre outros, pelo presidente, devia coordenar o trabalho dos cinco. Porém, Osinde conseguiu que isso não passasse do plano das intenções, mostrando que, na realidade, era ele quem mandaria.

Substituiu os 1 200 homens da força policial por 3 000 militantes sindicais, também armados[3]. A Triple A cedeu outra parte do contingente, que se instalaria entre os caminhos e os suportes colocados nas árvores.

A Hogar Escuela, localizada a uns 500 metros do palco, foi ocupada dias antes por militantes do CdeO. Tratava-se de um lugar estratégico, de onde era possível controlar a área em que se realizaria o ato. Os ocupantes do estabelecimento eram 2 000 adolescentes ligados ao CdeO, gente do Automóvel Clube (que cedeu a rede de rádios), o cor do general Iniguez e, por último, um grupo pertencente à Juventude Sindical da uom.

O palco, em si, foi ocupado no dia anterior ao ato por 1 000 civis armados, cuja função era impedir que chegasem perto da jp (Juventude Peronista); jup (Juventude Universitária Peronista); far (Fuerzas Armadas Revolucionarias); fap (Fuerzas Armadas Peronistas) e Montoneros. Os que guardavam o palco portavam carabinas, escopetas de cano curto, metralhadoras e pistolas. A ponte estava ocupada por homens da cnu (Concentração Nacional Unversitária) e da aln (Aliança Libertadora Nacionalista). Em síntese, 200 000 homens participavam do cordão de isolamento em frente à ponte e 3 000 seguranças rodeavam a zona do palco e a área de aterrissagem. Toda essa força se comunicava entre si com o sistema de rádios do Automóvel Clube Argentino, que embora fosse o mais moderno existente no país, operado pelos rapazes do cor, sem qualquer experiência no ramo, acabou por criar uma confusão que se desdobrou no fogo cruzado envolvendo a Hogar Escuela e o palco.

As forças de esquerda assistiram ao episódio portando armas leves e uma única metralhadora, que não chegaram a usar. As organizações armadas não-peronistas *não assistiram* a recepcão à Perón, confundindo um enfrentamento entre forças sociais com um enfrentamento interpartidário.

far e Montoneros acreditavam que a concentração de Ezeiza desequilibraria ante os olhos de Perón a luta que eles tinham com o peronismo ortodoxo e os

---

3. Para ilustrar o tipo de intenções tinha Osinde, é interessante assinalar que solicitou inicialmente 500 000 homes armados, à cgt. Como esta não os conseguiu, pediu 300 000, terminando no número de 3 000. (Números citados por Vervitsky (1986, p. 53))

sindicatos. Bastaria repetir o 25 de maio nesse 20 de junho. O obstáculo seria a dirigência sindical, que tentaria impedir que chegassem junto ao palco, e sua força de choque, o C do O. Estes seriam vencidos da maneira habitual: ataques com correntes articulado com a capacidade organizativa.

A coluna se concentrou para marchar na Rodovia 205. A condução ficou por conta de um jipe dirigido por dois Montoneros, Simona e Nell. Eles levavam a única metralhadora; os outros responsáveis pela organização portavam revólveres 22, 32 e 38 e algumas poucas pistolas automáticas. Imaginavam que poderia haver oposição, porém não uma batalha.

Ao saber que cordões do CdeO se dispunham a cortar a marcha da coluna, decidiram avançar pelo Leste, rodeando a parte traseira do palco, para passar ao outro lado e situar o grosso dos participantes em frente ao palanque central. Os "cadeneros" (os que usam correntes para o ataque) abririam o cordão do CdeO. Atrás deles, vinham os portadores das únicas armas leves, com a odem de somente intervir se começassem os tiros. Apenas uns 300 manifestantes conseguem passar pela cabeça da coluna. Às 14h30, começa o tiroteio partindo do palco contra a coluna, que se dispersa em várias direções, para reagrupar-se em seguida.

A UES (União dos Estudantes Secundários) acampou atrás do palco. Simona e Nell, com outros quatro montoneros, estacionaram o Jeep a cerca de 100 metros do palco. Sete homens, sob o comando do capitão Chavarri, com metralhadoras, se aproximam. Vervitsky comenta o episódio:

> Chavarri encara Nell:
> "Que quieren ustedes? Quiénes son?"
> "Peronistas somos. Y Ustedes?"
> "Peronistas no. Ustedes son unos hijos de puta."
>
> [Chavarri encara Nell:
> "O que é que vocês querem? Quem são vocês?"
> "Somos peronistas."
> "Peronistas não. Vocês são uns filhos da puta"]

Chavarri apontou sua pistola para a cabeça de Nell. Simona, sabendo que Nell estava desarmado, disparou contra Chavarri, que caiu morto. Simona e Nell fugiram entre as árvores, porém, foram logo alcançados.

Os seis que sobraram voltaram ao palco e os outros quatro correram para as árvores. Ali começa o tiroteio, partindo da Hogar Escuela e respondido pelo palco: no meio, os diversos grupos da coluna dissolvida pelo fogo cruzado do grupo sindical. Para compreender a magnitude do ocorrido, basta mencionar que 3 000 000 pessoas participaram do ato que resultou num massacre.

O Hotel Internacional, a algumas quadras do local da concentração, funcionou como sala de tortura para os militares capturados. A intervenção casual de Leonardo Favio, o locutor oficial do ato, lhes salvou a vida. Ao saber dos fatos, ele os informou ao ministro do Interior, Righi, que ordenou que se suspendessem as torturas.

O avião de Perón foi desviado para a base aérea de Moron, de onde seu ocupante saiu diretamente para casa.

Osinde atribuiu a uma conspiração marxista, para tomar o palco, a responsabilidade do conflito que terminou em tiros. Outros chegaram a denunciar que os montoneros queriam matar Perón. Apesar da verdadeira peleja de que se cercaram as explicações dos fatos, desde Righi e Cámpora, que condenaram a ação do Comitê de Recepção, a sorte estava do outro lado.

Cámpora opinava:

> Em Ezeiza, infelizmente, o enfrentamento quebrou as molas convencionais de contenção e a agressão antipopular não cedeu nem ante a iminente presença do Líder que regressava ao país. Houve um grande vencedor: a oligarquia; e uma grande vítima: o povo argentino. (Campora 1975, p. 82)

Perón acatou a avaliação que atribuía toda a responsabilidade a uma conspiração marxista.

> Somos o que as vinte verdades peronistas dizem. Não é gritando a vida por Perón que se faz pátria, mas mantendo a crença pela qual lutamos. Os velhos peronistas o sabem. Tampouco o ignoram nossos meninos que levantam bandeiras revolucionárias.
>
> Aqueles que dão pretextos ao inconfessável, ainda que cubram seus falsos desígnios com gritos enganosos ou se empenham em lutas selvagens não podem enganar a ninguém. Os que compartilham nossas premissas sem se subordinar ao veredicto das urnas têm um caminho honesto a seguir na luta que há de ser para o bem e a grandeza da pátria, e não para sua desgraça. Aqueles que ingenuamente pensam que podem cercar nosso movimento ou tomar o poder que o povo havia reconquistado se equivocam. [...] Por isso desejo avisar aos que tratam de se infiltrar nos estamentos populares ou estatais que por esse caminho vão mal. Assim aconselho a todos eles tomar

o único caminho genuinamente nacional: cumprir com nosso dever de argentinos sem se dobrar a nenhum desígnio inconfessável. (Discurso de Juan Perón, pronunciado el 21 de junio de 1973, citado por Vervitsky (1986, p. 208))

Essa proposta, de estabelecer uma "paz construtiva" e de "voltar à ordem institucional legal" distanciava-se muito do discurso socializante da esquerda peronista e antecipava suas posições nos meses seguintes.

O ERP classifica a Ezeiza como um passo contra-revolucionário, concordando com algumas frações da esquerda, ou a social-democracia:

> Santucho, como o resto da esquerda marxista, peronista e radical – Alfonsin havia sido o único político com Allende em qualificar como "golpe de direita" a caída de Cámpora – considerava Ezeiza como o início de um processo de crescente movimento político para a direita e militarização do governo constitucional.

Vervitsky resume:

> O massacre de Ezeiza termina um ciclo da história argentina e prenuncia os anos por vir. É a grande representação do peronismo, os estouros de suas contradições de trinta anos. É também um dos momentos estelares de uma tentativa inteligente e ousada de isolar as organizações revolucionárias do conjunto do povo, pulverizar o peronismo por meio da confusão ideológica e o terror, e destruir toda forma de organização política da classe operária. Ezeiza contêm um germe do governo de Isabel Perón e Lopez Rega, o triplo A, o genocídio exercido a partir do novo golpe militar de 1976, o eixo militar-sindical no qual a grande capital confia para o controle da Argentina. (Vervitsky 1986, p. 54)

Ezeiza polariza e redefine a situação. Um dado ilustrativo do significado que teve para as massas é o aumento das lutas operárias (Tabela 7.1).

Tabela 7.1: Argentina 1973 – Conflitos operários – Tipo de enfrentamento antes e depois de Ezeiza

Tipo de enfrentamento	Códigos	73-6-20	Depois de 73-6-20	Total
Declarações: impresa escrita, falada e televisada	1-2-5	47	96	143
Negociações entre partes, decretos, sentenças, recursos de amparo	4-1-42-1	48	32	80
Medidas que afetam indivíduos (demissões, reincorporações)	7-7-20-21	0	8	8
Plano de luta, assembleia, congresso	10-11-45	29	43	72
Greves parciais ou totais, com ou sem adesão, com ou sem ocupação, greve de fome	12-13-14-19-31	36	28	64
Greves com ocupação, tomada de reféns, com mobilização, marchas, concentrações, atos populares, ocupação de vias	15-16-17-18-23-26-30-32-47	21	49	70
Violência repressiva: ocupação de local sindical, invasão domiciliar, detenção, sequestro, desaparição, tiroteio, atentados	24-27-28-29-33-24-36-37-38-39	9	42	51
Total		190	298	488

Fonte de elaboração: Equipe da Oficina "Luchas Obreras: 1969 - 1979", da Faculdade de Sociologia da Universidade de Buenos Aires, dirigido por Lic. Inés Izaguirre.

Todas as formas de luta assumidas pelo movimento de massas se vêem notadamente incrementadas. É evidente que as paralisações passam a ocorrer, na maioria das vezes, com a simultânea ocupação do estabelecimento, o que implica um grau de enfrentamento maior.

Depois de Ezeiza as mobilizações ultrapassam o limite das organizações sindicais mais ortodoxos e dos alinhamentos político-sindicais, nos quais prossegue a disputa entre as frações peronistas antagônicas. A luta intersindical se faz cada vez mais intensa: em 25 de setembro é morto José Rucci, secretário-geral da CGT, em um atentado assumido pelos montoneros.

A direção sindical não consegue subordinar o movimento operário à política do pacto social. Em poucos meses mais o Montoneros cai na ilegalidade, bem como outras organizaçõea armadas de orientação peromista.

"Perón al Poder"

A volta do populismo

Perón voltava para conduzir o processo político argentino, no momento em que explodiam as manifestações populares mais politizadas e exigentes dos últimos anos.

O projeto do terceiro governo peronista prevê a reinstalação daquela aliança entre capital e trabalho que o movimento sintetizava. Porém, manter as características populares do capitalismo, com um nível de participação dos trabalhadores no PIB de 46% e contar com o apoio da burguesia nacional, disposta a não desvincular-se do capital estrangeiro, em 1974, era tarefa quase impossível. Esta missão foi confiada a José Gelbard, nomeado ministro da Economia, e a José Rucci, este à frente da CGT.

O plano econômico supunha a reestruturação das relações de hegemonia. Aldo Ferrer assinala:

> Deslocar de sua posição hegemónica os grupos tradicionais implica, ao mesmo tempo, propor uma nova estratégia de acumulação de capital. [...] Os grupos sociais em ascensão devem assumir a liderança do desenvolvimento e da expansão da capacidade produtiva. Surgem, assim, três requisitos básicas da nova estratégia. Primeiro, o fortalecimento do ahorro público e da capacidade de capitalização do Estado e suas empresas. Segundo, aumento da rentabilidade

das empresas médias e pequenas de capital nacional do interior do país e região metropolitana. Terceiro, a reforma do sistema financeiro para mobilizar o ahorro popular, concentrá-lo e derrubá-lo nos pontos críticos do Sistema. (Ferrer 1977, p. 87)

A outra condição para que o plano desse certo era a reorientação do comércio exterior para o bloco socialista. Nesse sentido, Gelbard iniciou diversos contatos na Europa Oriental e União Soviética.

O Plano Trienal previa "alcançar um ritmo médio de crescimento da produção de bens e serviços, de ordem de 7,5% acumulativa por ano, o qual significa praticamente duplicar a taxa de crescimento da década anterior." Mas, segundo o mesmo plano explicitava, "[...] esse elevado ritmo de crescimento da economia de apoia em uma alta taxa de crescimento da inversão." (Nacional 1973, p. 21)

O equilíbrio e desenvolvimento do plano dependia, ainda, de uma acertada intervenção do Estado, que criaria as condições para que o *Pacto Social* se mantivesse: o aumento dos salários, de um lado, não devia ser repassado aos preços e, de outro, não devia resultar apenas em aumento de consumo, mas sim orientar-se para a poupança interna, para reorientá-lo àqueles pontos que o sistema requeresse.

Para isso, supervalorizou-se a taxa de câmbio, aumentando-se as importações de insumos e bens de capital necessários à indústria (fundamentalmente, porque a última etapa da política de substituição de importações ficara por concluir). Por outro lado, incentivava-se a exportação de manufaturas – numa nova versão do Plano Pinedo – para o novo mercado representado pelo bloco socialista, mediante estímulos creditícios e fiscais.

Em síntese, os elementos que permitiriam o êxito do Plano éram:

- A ação do Estado: uma política de estímulos garantiria o equilíbrio de todo o processo. Nesse sentido, nacionalizaram-se os depósitos bancários – os bancos funcionaram como receptores apenas via Banco Central, cuja função seria reorientar a política de créditos. Editou-se a Lei de Promoção Industrial, que regulamentava as isenções impositivas e facilidades creditícias às empresas que aderissem ao Pacto Social. A inversão pública, tanto em infraestrutura como em setores-chave (metalurgia) aumentaria de 32,2% (1972) para 41,9% (1977) (Nacional 1973, p. 40). A base tributária deveria aumentar na medida em que se incrementasse a atividade econômica, sendo esta a condição indispensável, já que, sem ela o Estado não disporia dos recursos necessários para intervir na economia.

- A inversão externa: Embora reconhecendo que o dinamismo da economia dependia, segundo o plano, do Estado e das empresas nacionais, Perón esperava e incentivava investimentos de origem européia, como forma de compensar a insuficiência da poupança interna. A lei de radicação de capitais estrangeiros favorecia aqueles investimentos que desenvolviam programas de expansão com alto valor agregado.

- A redistribuição do ingresso: "O governo se propôs a aumentar a participação dos assalariados no Ingresso Nacional de 42,5% em 1973 até 47.7% em 1977 e a 52% em 1980". O fato de que o aumento nominal do salário não resultou em inflação se articulava com um controle de preços e a queda do dólar, que permitia manter um nível baixo de preços internos dos alimentos (ao diminuir os preços percebidos pelas exportações agropecuárias). Isso implicava uma transferência de ingressos desde o agro até a indústria, na intenção de refazer as políticas seguidas nos primeiros governos peronistas, de diminuição da participação do setor rural na distribuição do ingresso. É dizer que se procurava financiar a aliança dos setores urbanos com a transferência de ingressos desde o setor rural.

- A política agropecuária: O agro devia suportar o maior peso do Plano Econômico, sendo uma das chaves do êxito. Devia elevar seus níveis de produção, apesar da diminuição do dólar. A isto se somavam medidas que tendiam a aumentar a produtividade do setor, reordenando as bases da propriedade. A Lei Agrária e a Lei de imposto à renda normal potencial da terra (implicava inclusive na perda da propriedade por uso inadequado da mesma.) "tendia à paulatina eliminação do latifúndio e do minifúndio, favorecendo a formação de cooperativas que possibilitaram o acesso do produtor à propriedade, com tamanhos de exploração inadequados. Tratava-se de um esboço de reforma agrária que, se bem não avançada de forma direta sobre o direito de propriedade, tendia a corrigir as deformações próprias de um regime de posse da terra notoriamente antieconômico".

- A política exterior: A "terceira posição", entre dois imperialismos, caracterizaria para Perón a redefinição que buscava para o papel externo da Argentina. A integração regional "[...] numa comunidade econômica dará a esses países suficiente capacidade de decisão para regular seu próprio desenvolvimento e evitar os males que assediam o capitalismo avançado." (Peron citado por Riz 1981, p. 82–83)

Politicamente, o plano descuidou-se de alguns aspectos fundamentais:

1. O peronismo já não controlava o movimento operário, que, não respondendo disciplinadamente as direções sindicais ortodoxas, não se enquadraria no pacto social.

2. O setor agrário não aceitaria as limitações de poder e de receitas que Perón propunha.

3. Os investimentos esperadas não apareceram. Aquele empresariado disposto a diminuir seus ingressos, a bem do Pacto Social, era minoria, em 1973, em relação ao conjunto da burguesia nacional.

4. Os agrupamentos armados de orientação marxista continuavam com suas ações contra o Exército e as empresas multinacionais. Somente haviam concedido uma trégua ao governo eleito por vontade popular. Tampouco aceitavam as premissas do Pacto Social.

5. As frações de esquerda do movimento peronista exigiam posições mais radicalizadas do líder, como condição para se manterem desarmadas.

A verdadeira face de Perón

Cámpora sempre se considerou um delegado de Perón. E, como tal, somente permaneceria no governo até que restabelecesse a elegibilidade do líder. Isto se expressava com extrema obviedade no *slogan* central da campanha eleitoral:

Cámpora no governo. Perón no poder.

Cámpora, em seu discurso, diz:

> Durante o processo de normalização institucional do país, no qual me correspondo desempenhar-me para minha honra, como Delegado do General Perón, lutei incansavelmente para tornar concreto esse reencontro histórico – *entre o General e seu povo.* Impediram-no tanto a renúncia de nosso Chefe como a arbitrária condução do processo. Assim foi como General Perón me fez seu candidato, decisão que todos os organismos partidários aceitaram e que o povo consagrou nas urnas em 11 de março, honrando-me, além de meus merecimentos, ao eleger-me Presidente da minha Pátria.
>
> Mas sempre tive clara e nítida em minha consciência e em meu pensamento a convicção de que a ânsia profunda e enraizada na alma

do povo argentino não era nem é outro que de restituir ao General Perón o mandato que lhe outorgaram anos atrás, e que dele foi injustamente desposeido.

Sou um homem do povo e por isso tenho podido sentir, em meus contatos diretos com o povo, que é hora de seu fervente desejo.

Agora que o General Perón está definitivamente em solo pátrio, esse desejo do povo deve ter ocasião de se manifestar, sem cercas nem limitações de nenhuma espécie. Assim se expressa pessoalmente o General Perón no dia 21 de junho após sua chegada ao país e, no dia de ontem, em uma reunião com os Senhores Ministros, da qual participaram os Senhores Comandantes das Forças Armadas, les hice saber que esta era minha firme convicção.

Hoje está apresentada ao Honorável Congresso da Nação minha renúncia irrevogável para possibilitar o reencauzamiento de um processo que foi distorcido pela incompreensão quando a Frente Justicialista de Libertação se viu privada de postular como candidato à primeira magistratura da Pátria ao General Perón, vontade imbatível de todo o Povo Argentino.

Quero assim, com minha atitude e com minha conduta, permitir o cumprimento desse autêntico desejo do Povo Argentino, ao que somará meu voto de simples cidadão: que o General Perón presida os destinos dessa Argentina que desde 25 de maio avança, bajo sua ilustre condução, pelo caminho da reconstrução nacional. (Campora 1975, p. 97–88)

Cámpora queria deixar o governo: porém, Perón e a direita peronista queriam a sua expulsão. Por isso armaram um verdadeiro circo no dia 12 de julho, um dia antes da apresentação da renúncia. Em frente à residência presidencial de Gaspar Campos, desfilaram coletivos cujos integrantes vaiavam Cámpora. Além disso, mandaram em missão à Espanha o terceiro homem na sucessão presidencial, Alejandro Díaz Bialet, presidente do Senado, cargo assumido interinamente pelo deputado Raul Lastiri, presidente da Câmara e genro de José Lopez Rega.

Perón havia organizado seu retorno e sua campanha em torno da Juventude e os velhos quadros políticos, deixando de lado os dirigentes sindicais. Perón não tinha outra opção: em meio ao processo de mobilização popular, crescente, a Juventude Peronista expressava e era a parte desse estado de ânimo, podendo aglutinar as outras facções no voto a Perón. A JP, Montoneros e FAR faziam parte de uma força social de oposição que se vinha estruturando na Argentina, a burocracia sindical que pertencia à força do regime. Já no governo de Perón começa o processo de isolamento das frações radicalizadas, com o concurso dos grupos paramilitares de ultradireita e da burocracia sindical.

A partir desse momento, os combatentes que não abandonaram as armas foram declarados fora da lei. (Especialmente o PRT-ERP.)

Foi-se consolidando uma aliança política entre os partidários do regime e o governo, já que ambos combatiam as diferentes frações revolucionárias do movimento de massas. Apesar disso, as frações revolucionárias não conseguiam unificar suas políticas. Para a fração ilustrada da burguesia, a situação era irreversível, já que "Não só o peronismo se mostrava incapaz da institucionalização, mas toda vez que se desgastava ante os setores populares, os desarmava politicamente." (Marín 1981, p. 78)

Os dirigentes sindicais voltam a ocupar os primeiros lugares no governo. O principal articulador político de Perón nesse período foi Lopez Rega, ministro do Bem-Estar Social, que fundou a AAA - Aliança Argentina Anticomunista, comandos paramilitares terroristas de direita que tinham a função de garantir a concretização do projeto de Perón, eliminando o movimento das frações de esquerdas.

Marín registra:

> Perón fortalece sua política mediante a incorporação de uma ofensiva armada dirigida para as frações mais radicalizadas de seu movimento. Desenvolve mediante duas táticas, por um lado, a criação específica de um organismo "parapolicial", as AAA; e, por outro, a legitimação de uma política armada das frações de seu movimento na implementação de ações "golpistas", o navarrazo. (Marín 1984, p. 78)

Se Ezeiza havia sido um aviso, agora começava o verdadeiro massacre. Este não era indiscriminado; ao contrário, seguia uma lógica certeira, visando os pontos que, neutralizados, produziriam o desarme moral e material do campo popular. Jansen (1986, p. 180 e 114) relata alguns exemplos:

- Na cidade cordobesa de São Francisco, os operários da empresa Tampieri fizeram uma greve de protesto e se mobilizaram na demanda de melhoras salariais. Em 30 de julho foram reprimidos pela polícia provincial; uma rajada de metralhadora assassino o operário peronista Osacar Alberto Molina.

- Em 21 de agosto de 1973, um grupo armado enviado pelo Ministério do Trabalho assaltou a sede do Sindicato Ceramista de Vila Adelina. Quando os trabalhadores se fizeram presentes reclamando a devolução de seu local os matones da burocracia assassinaram o operário Juan Carlos Bache.

- Sob uma ponte do Rio Primero – província de Córdoba – em 24 de setembro apareceu o cadáver de José Roque Damiano, dirigente da JTP – Juventude Trabalhadora Peronista – que enfrentava o sindicato na condução burocrática. Seu corpo apresentava marcas de torturas.

- Em 4 de outubro em Córdoba foi atacada a tiros uma Assembleia de Delegados sindicais na sede da CGT Regional. Morreu um operário da construção. Entre os agressores foram reconhecidos vários ativistas da burocracia.

- Em 11 de outubro um grupo de "funcionários" de Bem Estar Social atacou a tiros o bairro San Pablo que se opunha a medidas de erradicação ordenadas por Lopez Rega. Foi assassinado um villero.

- Em 13 de outubro foi assassinado em Rosário um velho militante da resistência peronista, o médio Constantino Razzetti, quando chegava à sua casa depois de festejar a ascensão de Perón. Estava "acusado" de colaborar com a Juventude Peronista e havia sido ameaçado de morte por ativistas da Juventude Sindical dirigida por Anibal Martinez.

- Em Quilmes a Juventude Sindical assassinou Isaac Mosqueda, membro do Conselho local da JP. Para amedrontar o bairro entraram em sua casa e mataram todos os homens que encontraram, com 13, 17 e 18 anos de idade. Apesar da evidência dos feitos, a polícia não descobriu nenhum indício que permitiria identificar os agressores.

- Assassinaram o ex-chefe da polícia de Salta, Ruben Fortuny, antigo integrante da Resistência que em 25 de maio de 1973 havia assumido seu cargo e iniciado processos contra torturadores.

- Em 27 de novembro foram assassinados Antonio Deleroni e sua esposa Nelida Arana. Deleroni era advogado da CGT dos argentinos e do Peronismo de Base. Foram baleados na estação ferroviárias de São Miguel, na grande Buenos Aires.

- Já começa a perfilarse o desaparecimento de pessoas. Silca, Tettamanti, Antelo e Roldan, militantes do PRT, foram sequestrados por pessoal uniformizado. Nunca mais apareceram.

- Os meios de comunicação também foram atingidos: o primeiro havia sido Julio Cesar Fumarola, assassinado em 6 de fevereiro nos bosques de Ezeiza. Oficinas e escritórios do *O Mundo e Notícias* foram invadidos pela polícia e atacados com explosivos.

- Carlos Mujica, sacerdote terceiromundista, foi assassinado saindo da Igreja em que dava a missa, por um militante da CNU. Mujica já havia rompido com Montoneros, proclamando sua fidelidade a Perón.

Grande quantidade de militantes universitários foram assassinados nesse período, Lilana Ivanoff de 20 anos da JP, Hugo Hansen o JUP de Lomas de Zamora, Elsa Arganaraz, de 19 anos, etc."

A outra tática empregada é a do "Golpe", legitimado inclusive pelo Congresso. No final de fevereiro de 1974, em Córdoba o chefe policial local, coronel Antonio Domingo Navarro, e os grupos de ultradireita, atacaram com absoluta impunidade. O saldo foi a morte de vinte pessoas.

Os acontecimento se precipicitaram a partir de 27 de fevereiro, quando o governador Obregon Cano decidiu destituir Navarro, para por fim à onda de provocações verificada desde a Chefatura de Polícia. Obregon Cano era membro do Peronismo Combativo, não escondendo sua simpatia pelos montoneros. O vice-governador, Atilio Lopez, pertencia à CGT local, que era o pincipal núcleo de oposição à burocracia sindical.

Navarro não somente se rebelou frente a autoridade constitucional, como, também, ocupou a cidade com efetivos policiais e distribuiu armas de guerra entre cerca de 200 militantes dos grupos de direita.

Gonzalez Jansen comenta:

> Violentos enfrentamentos – dos que fui testemunha – se produziram em diversos pontos da cidade, entre manifestantes desarmados que protestavam contra o golpe e polícias e paramilitares mobilizados pela direita.
>
> Ao anoitecer foram arrastado na Casa de Governo de Córdoba o doutor Obregon Cano, e o vice-governador Atilio Hipolito Lopez, legisladores e sindicalistas leais. Nas ruas seguiam os tiroteios e durante uma semana a cidade permaneceu nas mãoes de grupos armados de Navarro. (Jansen 1986, p. 113)

Essa política armada de Perón foi aceita de fato pelo Parlamento. A luta dentro do peronismo assume a partir das frações de direita também essa forma "golpista". Em 22 de janeiro já se depusera, também, o governador de Buenos Aires, Oscar Bidegain, de posição política semelhante à de Obregon Cano.

A ruptura definitiva da Tendência Revolucionária, juntamente com o restante da esquerda peronista se produz em primeiro de maio de 1974. O ato central pelo dia do trabalho é organizado pelas organizações sindicais, que montam um esquema de segurança.

Ficam proibidos cartazes e faixas que não sejam as identificadas com as organizações sindicais ou bandeiras argentinas. Mas os controles são burlados e aparecem as insignias dos montoneros, improvisadas e exibidas durante a concentração.

Quando Perón começa seu discurso, as colunas da Juventude gritam: "o que acontece, general, que está cheio de gorilas o governo popular?" Perón responde com dureza: "Estúpidos...imberbes!"

As colunas da JP e Montoneros se retiram da praça em clima de enfrentamento e violência.

As organizações armadas peronistas caem na clandestinidade, somando- se às ações da guerrilha marxista.

Com a morte de Perón, em primeiro de julho de 1974, enfrentam-se três força sociais:

- o peronismo no governo;

- o capital financeiro, em uma aliança com a fração majoritária do Exército;

- o campo popular, conduzido pelas organizações armadas.

As contradições que Perón havia arbitrado em vida ninguém poderia resolver na sua ausência. Nas 72 horas posteriores à sua morte, o país permanece paralisado. Durante três dias e três noites, sob chuva persistente, a multidão em fila desfilou ante o féretro para despedir-se de seu líder.

Isabel assume a condução do governo, reestruturando em primeiro lugar o seu gabinete. Com a morte de Perón, o projeto Gelbard-Giberti fica sem sustentação, já que o empresariado suspende a trégua concedida e o sindicalismo se vê cada vez mais pressionado pelas bases. Além da morte de Perón, para culminar, em julho de 1974, fecham-se os mercados europeus para as carnes argentinas, simultaneamente à queda dos produtos primários. A burguesia agrária se volta contra o governo, exigindo mudança de orientação na economia, pela qual se desvalorizava o dólar e se pretendia impor a Lei Agrária.

Em meio a essa confrontação, Gelbard e Giberti deixam o governo. Vários governadores são acusados de "infiltrados" e destituídos da direção sindical. No final de 1974 já se haviam consumado as intervenções nas províncias de Mendoza, Santa Cruz, Salta e Catamarca, com o afastamento de seus mandatários: Matinez Vaca, Cepernic, Ragone e Mott, respectivamente.

A Triple A

Em troca do apoio para a "Perónización" do gabinete, a direção sindical recebeu a Lei de Contratos de Trabalho e a eliminação do sindicalismo rebelde.

> "Entre agosto e outubro de 1974 os principais sindicatos independentes ou líderes dissidentes foram eliminados. Essa sorte do sindicato de mecânicos de Córdoba, conduzido por Rene Salamaca, do sindicato gráfico, liderado por Raimundo Ongaro em Buenos Aires; do de eletricistas de Córdoba, dirigido por Agustin Tosco; Guillan perdeu sua posição de líder máximo dos telefônicos." (Riz 1981, p. 121)

A essa direitização institucional se somam as ações cada vez mais enérgicas da Triple A. Entre julho e setembro de 1974 registraram-se 220 atentados da Triple A – quase três por dia –, 60 assassinatos – um a cada 19 horas – e 44 feridos graves. Também 20 sequestros, 1 a cada 2 dias.

Em 11 de setembro de 1974, foi sequestrado e fuzilado Alfredo Curuchet, outro advogado defensor de presos políticos.

O contador Juan José Varas, ex-subsecretário de Fazenda do governo cordobés foi preso dentro de um avião Austral, diante dos demais passageiros. Logo depois apareceu crivado de balas fora dos limites de Buenos Aires.

No mesmo dia, foi sequestrado e fuzilado o ex-vice-governador de Córdoba, Atílio Lopez, velho militante sindical e peça fundamental do Córdobazo.

Em 20 de setembro, foi assassinado Julio Troxler, subchefe de polícia durante o governo Cámpora, renunciando depois dos acontecimentos de Ezeiza. Além disso, foi militante da Resistência Peronista, participando do levantamento do general Valle em 1956.

Os assassinatos prosseguem: Silvio Frondizi, professor da UBA e irmão do ex-presidente; Ortega Peña, advogado de presos políticos e deputado peronista; Santillan e Suarez Avalos, dirigentes sindicais da JTP; os jornalistas Pedro Bazarra, Carlos Laham e Jorge Money, militantes de partidos legais como o PC e o

PST, etc. Os setores populares não estavam preparados para tamanha ofensiva e, a partir de 16 de setembro de 1970, ocorria uma desaparição ou sequestro a cada 18 dias. A ação dos aparatos paramilitares a serviço da política armada do Estado consegue uma média diária nunca inferior a cinco pessoas desde Julho de 1976. (Marín 1984, p. 81)

Apesar desses golpes recebidos, as respostas do campo popular são muito fortes: o "rodrigazo" é uma delas, em protesto contra o novo plano econômico do governo.

Ao se conhecerem as primeiras medidas e os primeiros aumentos de preços, determinados pelo ministro da Economia, Celestino Rodrigo, as lideranças sindicais interrompem as negociações salariais. O governo ofereceu 45% de aumento, que não acompanhava a média de aumento dos preços, de 60%. Não aceita a proposta, começou a negociação por setor. Os sindicatos conseguiram aumentos entre 60% e 200%, conquistas que, entretanto, para serem aplicadas, precisavam da homologação pelo governo. Como a indefinição das autoridades se prolongava, vez que aceitar os aumentos era fazer fracassar o plano, as bases exigiam a adoção de medidas de força.

A CGT não pode seguir contendo as massas: em 27 de junho, ela e as 62 organizações convocam uma concentração na Praça de Maio. Longas colunas, vindas do cordão industrial, se aproximam do centro. Os trabalhadores são claros em seus estribilhos, contrários a Rodrigo e ao ministro do Bem-Estar Social, Lopez Rega. Exige-se o afastamento dos dois, enquanto se reivindica a presença de Isabel no terraço da Casa Rosada.

Isabel não sai, mas convoca uma reunião com os dirigentes sindicais para o mesmo dia. No dia seguinte, 28 de junho, em cadeia nacional, anuncia sua decisão: os acordos salariais são anulados, adotando-se um aumento de 50% naquele mês e de 15% em outubro e janeiro de 1976.

A CGT não tem muitas opções, já que as greves se multiplicam por todo o país. Decreta uma paralisação de 48 horas a partir de 7 de julho. Quando se cumpre o segundo dia, o governo cede, aceitando os acordos e afastando Rodrigo e Lopez Rega.

Sem Lopez Rega, a debilidade de Isabel torna-se ainda mais flagrante. O sindicalismo, em lugar de ocupar o vazio deixado, segue com posições hesitantes, sem conseguir assumir uma política declaradamente antipopular.

Um de seus exponentes, Juan José Taccone, afirmava em tom de autocrítica:

> O movimento operário tinha libertado uma batalha muito importante, que nenhum setor havia conseguido libertar então, procu-

rando romper o ambiente presidencial, e conseguiu deslocar Lopez Rega. Depois desse colossal triunfo, em vez de avançar sobre o poder, em vez de procurar a reconstituição da frente que havia feito Perón, com os partidos políticos e com os próprios militares, o movimento operário se fez "hara-kiri", permanecendo na conjuntura com um aumento salarial. (Juan José Taccone, citado em Dominguez 1977, p. 198)

Nos próximos meses o vazio de poder se acentua. Isabel, no começo de 1976, nem sequer ia à Casa de Governo, com problemas de saúde. Na presidência interina de Ítalo Luder, assina-se um decreto que permite a intervenção das forças armadas nos conflitos internos, mostrando o que virá no futuro.

As forças armadas e o capital financeiro iniciam o reordenamento do sistema institucional, a reacomodação do capital, para o que precisam derrotar e desarmar, definitivamente, o campo popular.

Essa fração da burguesia devia destruir e, ao mesmo tempo, construir uma forma de existência para o conjunto das classes e, ainda, construir uma historicidade nova para o conjunto da sociedade.

Obter alto grau de concentração industrial, redistribuir brutalmente a receita nacional, legitimar uma forma de exercer o poder são processos que foram desenvolvendo-se nos anos da ditadura.

Capítulo 8

1976: Construção de uma nova territorialidade

Ao longo dos séculos, o dominante conseguiu que o mundo e a vida não possam ser pensados distintos do que são. Todo triunfador busca que o vencido seja convencido de que o existente é essencialmente imutável.

Jacoby (1986)

O GOLPE de 1976 apresenta características bastante diferentes dos anteriores. Com ele não se buscou intervir no sistema político, vetando o peronismo, mas, sim, operar na trama da estrutura social, desarticulando as condições sociais e materiais a partir da qual se construiu o populismo na Argentina, bem como a aliança que o definia.

A destruição do modelo de substituição de importações se expressa, por exemplo, na redução do número de estabelecimentos industriais, que passou de 126 320, em 1973, para 109 325, em 1983 — uma queda de 15%. No caso das pequenas e médias indústrias, o recuo foi de 18%. Nas plantas maiores, a quantidade de pessoal empregado cai 20% no período, diminuindo de 750 000 para 600 000. Apesar disso, a produção global não diminuiu, o que resulta num acentuado aumento da produtividade da força de trabalho.

Quem são os mais prejudicados? Os pequenos e médios produtores, e a classe operáia industrial. Foram desarmados os setores que se apoiavam na produção industrial orientada para o mercado interno. Mas, como apontamos, ainda que a quantidade de estabelecimentos diminui, assim como também a quantidade de pessoal ocupado remunerado, a participação na produção global passa de 66,4% em 1973 a 67,75 % em 1983.

Por outro lado, o grau de concentração por estrato aumentou de 45 % para 50,6 % da produção global. Seguno Khavise, "desde 1953 sempre o peso dos setores mais concentrados esteve abaixo de 50%. Vem crescendo desde 40, superando o 50% só em 1984".

Outro elemento a destacar é que dos 36 maiores estabelecimentos que havia em 1973, ficaram somente 20 em 1983: há uma diminuição de 40%. Apesar disso, a participação na produção baixou muito pouco: de 13,68 % a 13,47%. Além de um processo de concentração, estamos na presença de um processo de centralização da produção em geral.

Surge logo em seguida a pergunta: quais são as frações que ganham? Sob a política da ditadura conseguiu-se reconstruir um setor burguês que se conecta e está a altura dos setores burgueses mais dinâmicos do mundo. Esta cúpula formada pelos maiores tem sua obtenção de lucro completamente diversificada. É uma burguesia que está na escala que a globalização mundial exige.

O golpe de Estado de 1976 significa, entre outras coisas, a realização do poder acumulado por frações da burguesia ligadas ao capital financeiro.

A partir de 76, intensifica-se a repressão (melhor dizendo, ficou claro que a iniciativa na luta de classes passava a pertencer àquela fração da burguesia). Nesse processo, usou-se um só movimento e duas táticas simultâneas: o genocídio e a emigração, imposta a grandes setores, assalariados ou não. Esse duplo jogo se traduz na eliminação de corpos (por desaparição física ou expulsão do território), que conduz e produz a ruptura das relações sociais.

O efeito mais importante foi a desarticulação da aliança de classes e das condições territoriais que a favoreciam. Essa aliança expressava-se em uma força social que, apesar de encontrar-se em fase embrionária, era capaz de questionar a hegemonia burguesa.

As novas necessidades da burguesia supunham não só a vitória tática sobre a "subversão", mas, também, o aniquilamento de sua base.

Destruir essa força social tinha a ver com a territorialidade burguesa questionada. Assim, na Grande Buenos Aires (GBA), verificaram-se mudanças, rupturas que não se limitam às modificações físico-espaciais nem à simples redistribuição dos habitantes. As alterações incluem modificações essenciais nas relações sociais.

Trata-se de um novo ordenamento de corpos, uma articulação diferente entre os habitantes e o terriório do GBA. Desenvolve-se a construção de uma nova territorialidade social, cujo fortalecimento favorece, notadamente, o processo de construção da hegemonia dos setores ligados ao capital financeiro.

Bermudez analisa:

> Na intenção de obter a hegemonía, os setores ligados ao capital financiero exerceram o poder acumulado durante décadas, apelaram para isso ao genocídio, à expulsão, à neutralização pelo terror e à redistribuição da população habitante do território em disputa. [...] Os processos que significaram o genocídio, a expulsão e a redistribuição da população do GBA também foram acompanhados do processo contrário: a construção de uma territorialidade social, que inclui como suposto a cumplicidade com o genocídio, a neutralização pelo medo, a corrupção, a delação, etc. (Bermudez 1985, p. 16)

Expulsão de um território e reorganização do espaço

> O traçado do inacabado cinturão ecológico e o restante da rodovia do Buen Ayre, construída sobre o Rio Reconquista, formam um arco semicircular que rodeia a Capital Federal, dividindo a Grande Buenos Aires em duas partes com características cada vez mais diferenciadas. (Bermudez 1985, p. 1)

Bermudez aponta neste trabalho a constituição de uma área interna (entre a avenida General Paz e esse arco) e uma área externa (por fora do mesmo).

As condições de vida são notavelmente desfavoráveis na área externa: moradias precárias que tendem a concentrar-se em favelas com pouca relação com o meio urbano que as contêm.

A Capital Federal passa a ser cada vez mais território da pequena burguesia e da burguesia.

O objetivo de Cinturão Ecológico não foi então o de ser um "pulmão verde" para a Capital.

Como conclusão Bermudez aponta:

> Esses feitos (divisão em zona interna e externa) que poderiam ser considerados como uma consequência inevitável do crescimento

de uma metrópole, podem ser analisados, asimismo de uma ótica diferente: como um processo que impõe um modelo de desenvolvimento a determinadas áreas, que divide em dois um território e que expulsa de uma das zonas daquelas favorecidas pelo dito modelo os sujeitos sociais que considera um obstáculo para o desenvolvimento de sua estratégia, colocando-os do outro lado dos limites que ele mesmo tinha traçado, segregando-os. Poder-se-ia dizer que as modificações produzidas, o transporte dos corpos, sua redistribuição e a reestruturação física de um espaço são parte de um processo prolongado e estratégico, que tenta impor territorialidades sociais diferentes a um e outro lado do arco semicircular mencionado. Imediatamente haveria de advertir que essas duas territorialidades sociais, por formar parte de um mesmo processo de desenvolvimento, do mesmo movimento estratégico, enquanto são diferentes, são parte da mesma coisa. (Bermudez 1985, p. 12)

A partir do que vínhamos desenvolvendo, consideramos que esta reestruturação é parte de um processo que tenta (ao construir territorialidades diferentes), levar as frações sociais que habitam diferentes zonas a ter dificuldades objetivas para articular-se com outros setores sociais com os quais puderam estabelecer mais facilmente alicanças, enquanto compartilhavam mais homogeneamente um território.

O genocídio

Se o genocídio é por certo o sonho dos poderes modernos, ele não se deve a um retorno, hoje, do velho direito de matar: se deve ao que o poder reside e exerce no nível da vida, a espécie, da raza e dos fenômenos massivos de população.

Foucault (1987a, p. 166)

Se afirmamos que na década passada a luta de classes assumiu a forma de guerra no interior de nossa sociedade, afirmamos também que a totalidade de somente uma das forças tinha consciência deste processo, sendo este um elemento decisivo para o triunfo. A força do regime foi construindo uma estratégia para recuperar o que a ofensiva popular lhe havia tirado.

O regime havia derrotado seu adversário já em 1976, tanto pelo desmembramento de suas frações, como pelo fato de que pudera realizar 30 000 mortes "sem resistências".

Uma grande contribuição para esta análise pode-se fazer a partir do trabalho de Inés Izaguirre. Analisando a situação de guerra na Argentina, comenta:

> Aqui as rupturas se produzem em detrimento de um dos grupos, que já não pode rearticular suas forças: há derrota, ou seja acumulação de rupturas de relações sociais, que são capitalizadas pelo grupo vencedor. Então, começa um período de paz, que não é senão a definição do período de domínio estável, feita pelo vencedor.[...] A partir da derrota, começa um segundo momento desse processo dual, o momento de realização da vitória,; a articulação de novas relações sociais que substituem as anteriores, nas que se reconhece o vencedor e que transformaram em estável a nova situação de "paz". É o momento do desarmamento, aquela condição do derrotado que garantiria por longo tempo sua não recuperação para tentar reiniciar a luta contra o vencedor. [...] Como assinala Clausewitz, enquanto o "desarmamento" do inimigo é um propósito sempre presente em cada um dos grupos, só se realiza de forma completa em poucas ocasiões. Geralmente é suficiente dissuadir o oponente, convencê-lo da possibilidade do desarmamento completo para que não reinicie a luta, ou seja, para conseguir seu desarmamento moral. Se o desarmamento seca, tem que ver com a perda ou a destruição das "armas" materiais ou instrumentos de enfrentamento, e pelo tanto com

141

a perda do correspondente território, haverá tantas formas de desarmamento como armas e territórios sejam objeto de disputa: território militar, que se refere ao espaço geográfico apropriado ou defendido pelas forças em conflito, território político, quando o que está em jogo são as estratégias de poder, organizações, quadros, etc [...] território social, definido por meus aliados e pelos do meu inimigo,território econômico, etc.

A que se refere o desarmamento moral? À convicção da derrota e à impossibilidade de revertê-la: se foi quebrada a dimensão subjetiva da força; as rupturas dos laços que vinculavam as distintas partes se consideram mais ou menos permanentes. Perde-se a consciência de conjunto. (Izaguirre s.d., p. 7–8)

Como se produz esta convicção de derrota, esta fratura na noção de uma aliança que luta conjuntamente? Acreditamos que se associa à forma na qual as baixas se produziram no campo popular: o sequestro dos corpos dentro de determinadas instituições de confinamento.

Foucault considera que

O verdadeiramente novo e interessante é, na realidade, o feito no qual o Estado e aquele que não é estatal se confundem, se cruza dentro dessas instituições (a partir do século XIX). Mais que instituições estatais ou não estatais haveria que falar de rede institucional de sequestro, que é infraestatal, a diferença entre o que é e o que não é aparato do Estado não me parece importante para a análise das coesões desse aparato geral de sequestro. A rede de sequestro dentro da qual está encerrada nossa existência. [...] A primeira função do sequestro era explorar o tempo de tal modo que o tempo dos homens se converta em tempo de trabalho. [...] A segunda função consiste em fazer com que o corpo dos homens se converta em força de trabalho. [...] A terceira função dessas instituições de sequestro consiste na criação de novo e curioso tipo de poder. Um poder polimorfo, polivalente. Um poder que não é só econômico mas também político. As pessoas que dirigem essas instituições se apropriam do direito de dar ordens, estabelecer regulamentos, tomar medidas, expulsar uns indivíduos e aceitar outros, etc. (Foucault 2017, p. 134–135)

Para o campo popular, o 78,5% das baixas no período 73-83 assume a forma de prisioneiros (a metade são desaparecidos) Marín 1984, p. 87 Por que os desaparecidos? Por que este tipo de baixa?

Se nos perguntamos quais são as relações sociais que têm a capacidade de transformar certo campo material nas armas necessárias para um enfrentamento determinado (conhecimento, um jornal, armas de fogo, *etc*) podemos responder que fundamentalmente são aquelas que portavam os corpos que foram aniquilados.

Se voltarmos a pensar na força social de enfrentamento que tinha a iniciativa na luta de classes a partir de 1969, vemos que está composta por corpos, corpos humanos nos quais residem a dimensão e o espaço do poder. "O que se encobre é que esses corpos são fundamentalmente força material. Isso de encobre e é essa força material a que tem a capacidade ou não de construir o âmbito do poder." (Marín 1981, p. 74)

Em uma guerra entre Estados-Nação se busca produzir baixas humanas, baixas nas armas e destruir a base de reprodução do outro: sua infraestrutura material (centrais hidroelétricas, fábricas, assentamentos populacionais).

Se a guerra é a forma que assume a luta de classes, implicando uma confrontação de territorialidades, o que se disputa é diferente. Para destruir sua força material se deve destruir sua força moral e quem as constrói.

As baixas humanas podem assumir três formas fundamentais: mortos, feridos e prisioneiros. O morto põe em crise uma parte das relações sociais que portava, mas não destrói outras.

O ferido e o prisioneiro "legal" põem em crise somenta algumas das relações sociais, mas seguem articulando outras.[1]

A desaparição "retira" um corpo e o conjunto de relações sociais que o definem de seu contexto. *Desaparecem relações sociais*; que articulam frações, que dão a força material à força do povo.

Estas afirmações tomam mais força se mostramos a distribuição social destes desaparecidos. Eles percorrem todo o corpo social, expressando uma força social, aliança de diferentes frações:

Outros dados introduzem maior especificidade na identificação da pertinência social: o tipo de moradia habitada pelas famílias denunciantes. Sobre 525 casos com informação sobre esse tema, 93% viviam em casas ou apartamentos, enquanto somente 7% declararam viver precariamente, em pensões ou favelas. Estes dados sugerem que os mais pobres estariam subrepresentados na força. Se compararmos com a situação habitacional existente no país no ano de 1980, sabemos que 20% das moradias urbanas eram precárias (em grandes cidades como

---

1. Por exemplo, o 15 de Maio de 1973, quando assume Campora, ao redor dos presos políticos, se articula uma manifestação de massas que exigia sua liberação imediata.

Tabela 8.1: Inserção ocupacional dos prisioneiros desaparecidos e da população economicamente ativa da Argentina em 1970 e 1980

Fração da população			PEA 70	PEA 80	PDD
Burguesia	Empresária	Grande	5,6	0,7	0
		Pequena	—	4,0	3,2
	Não Empresária	Com formação superior	8,8	4,1	13,0
		Sem formação superior	13,2	21,8	16,6
Proletariado		Com formação técnica	21,4	22,5	32,5
		Sem formação técnica	50,8	45,9	34,7

Adaptado de Censos Nacionales de Población, e Muestra de Prisioneros Desaparecidos y Denunciados de elaboração de Inés Izaguirre. Legenda:

PDD   Prisioneiros Desaparecidos e Denunciados

PEA   População Economicamente Ativa da década indicada

a Grande Buenos Aires, Rosario, Córdoba e Mendoza), média que sobe a 30% no resto das cidades do país, e sabemos também que é um indicador de pobreza altamente representativo.

Este indício se verifica também ao considerar dados sobre estudos universitários: a proporção de estudantes universitários desaparecidos é de 22% do universo total, que se distribuem em todas as frações sociais, mas principalmente entre os assalariados.[2]

Novamente é ilustrativa a comparação com a sociedade: em 1970 os estudantes universitários não chegavam a constituir 10% do grupo de 18 a 30 anos de idade, enquanto em 1980, essa proporção era ainda menor. Isto adiciona outra característica diferente a esta força de caráter popular. Não somente inclui frações com alto nível de instrução, muito acima da média social, como também nos exige perguntarmos sobre a média de idade da população aniquilada.

2. A mostra total é de 674 casos de prisioneiros desaparecidos denunciados (PDD) dos quais se inclui informação ocupacional de 403 casos, sobre os que construímos a comparação. Esta amostra representa 11% das 6 000 testemunhas de denúncias efetuadas antes do governo constitucional. Não se incluiu na comparação 54 casos de "no activos" (donas de casa, aposentados, estudantes) a fim de facilitar a comparação com a PEA. Esses casos (8% do total da amostra) devem somar-se aos 217 casos sem dados que permitam a localização social dos desaparecidos, o que leva a um total de 271 casos (32% da amostra).

Tabela 8.2: Idade dos prisioneiros desaparecidos nas várias frações sociais — Argentina 1973-83

Fração	Até 30 anos (%)	Total com dados de idade
Burguesia Capitalista	33,0	12
Burguesia e pequena burguesia alta	46,0	52
Pequena burguesia independente	63,0	65
Assalariados urbanos qualificados	81,0	131
Operários industriais e de serviços	76,5	136
Total	74,0	626

Com efeito, 74% da amostra de prisioneiros desaparecidos tinham 30 anos ou menos, e destes, metade oscilava entre 21 e 25 anos. Somente 20% da amostra excedem os 35 anos.[3]

Como se distribuíam socialmente os jovens aniquilados?

A maior parte é assalariada. Em uma sequência que percorre todo o corpo social, quanto mais alta é a posição na estrutura, menor é a presença de jovens desaparecidos, como indica o quadro seguinte:

Lanusse, sintetizando sua teoría sobre os enfretamentos, nos diz:

> Solía designar-se como teoria dos dois círculos: havia um círculo pequeno, povoado por maníacos irrecuperáveis, mas esse círculo pequeno não poderia operar senão flutuando em outro maior, formado pelos simpatizantes de manga ancha que não atuavam, que não matavam a ninguém, mas que constituíam o oxigênio do qual respiravam os subversivos. A política consistia, por um lado, na repressão dos irrecuperáveis mas, por outro, em privar de oxigênio político a subversão. (Lanusse 1977, p. 163)

O "circulo pequeño" não era o único inimigo. O grande problema é que não podiam enfrentar-se diretamente com as organizações armadas já que existia uma base social maior que as incluia.

Destruir sua força material, a "infraestrutura" que garantia a reprodução e ampliação da luta era destruir, aniquilar as relações sociais que davam forma a

---

3. Os dados sobre estudantes prisioneiros desaparecidos estão sendo analisados pelo Lic. Pablo Bonavena, membro da equipe de pesquisa.

essa territorialidade social que avançava.

A "subversão" era o conjunto da força social, não eram somente as organizações armadas. O exército, e o conjunto da força do regime têm consciência disto, e por isso matam fundamentalmente a personificação do "delegado de base", do "militante popular". Do campo popular, como apontamos, a falta de consciênciacia da magnitude do enfrentamento no qual estava envolvido, que dificultava uma conceitualização do período, leva ao assombro ou a não compreensão pela brutal resposta do regime, com a consequente quantidade de mortos e desaparecidos, produzidos tanto na última ditadura, como no governo Perón-Perón.

Anos depois, a Comisión Nacional sobre la Desaparición de Personas, resumindo a imagem mais difundida da sociedade, explicava:

> Em relação à sociedade, ia arraigando-se a ideia de desproteção, o obscuro temos de que qualquer um, inocente que fosse, pudesse cair naquela infinita caça à bruxas, apoderando-se de uns o medo sobrecogedor e de outros uma tendência consciente ou inconsciente de justificar o horror: "deve haver uma razão", se murmurava em voz baixa, como se quisesse assim propiciar aos terríveis e inescrutáveis deuses, olhando aflitos seus filhos ou pais ou pais de desaparecidos. Sentimentos no entanto vacilantes, porque se sabia de tantos que haviam sido tragados para aquele abismo sem fundo sem ser culpados de nada; porque a luta contra os "subversivos", com a tendência que tem toda caça às bruxas ou aos endemoniados, havia se convertido em uma repressão insanamente generalizada, porque o epíteto de subversivo tinha um alcance tão vasto quanto imprevisível. No delírio semântico, encabeçado por qualificações como "marxismo-leninismo", "apátridas", "materialistas e ateus", "inimigos dos valores ocidentais e cristãos", tudo era possível: desde a gente que propiciava uma revolução social até adolescentes sensíveis que iam às villas-miseria para ajudar seus moradores. Todos caíam na rede: dirigentes sindicais que lutavam por uma simples melhora de salários, jovens que haviam sido membros de um centro estudantil, jornalistas que não eram adeptos da ditadura, psicólogos e sociólogos por pertencer a profissões suspeitas, jovens pacifistas, freiras e padres que haviam levado os ensinamentos de Cristo para bairros miseráveis. E amigos de quaisquer deles, e amigos desses amigos, gente que havia sido denunciada por vingança pessoal e por sequestrados sob tortura. Todos, em sua maioria inocentes de ter-

rorismo ou sequer pertencer aos quadros combatentes da guerrilha, porque estes apresentavam batalha e morriam nos enfrentamentos ou suicidavam-se antes de se entregar, e poucos chegavam vivos nas mãos dos repressores. (Desaparição de Pessoas 1992, p. 9–10)

Justamente esse tipo de personificação era a que construía essa força social de oposição, parte fundamental do inimigo, já que sem elas não se produziriam nem os "azoz", nem a radicalização do movimento de massas. O General Viola, opinando sobre os métodos que a "subversão" usava, diz: "Pode empregar a força, mas não se limite a ela. Todas as formas de luta e todos os procedimentos nos diversos campos lhe são lícitos." (Da coletiva de imprensa pronunciada pelo General Viola, publicada no diário La nación de 20 de Março 1977, citada por Inés Izaguirre.)

Se vermos em paralelo a distribuição das lutas operárias, os atos armados e os casos de desaparecidos (classificados por local de sequestro), analisando sua distribuição espacial, vemos que o operativo de aniquilamento iniciado com o golpe de 1976 coincide mais com a distribuição populacional que expressam os conflitos operários do que com os atos armados. Como já apontamos, os militantes das organizações armadas estiveram mais protegidos pela clandestinidade e pelas táticas empregadas de mobilidade e surpresa.

Não se trata de elucidar se os assalariados desaparecidos formavam parte ou não de tais organizações, o qual, salvo em poucos casos seria muito difícil de verificar, com os dados que tivemos disponíveis, mas temos certeza que formavam parte da força social que enfrentava ao regime.

Tabela 8.3: Distrubuição espacial e temporal das lutas sociais na Argentina: conflitos operarios, fatos armados e desaparecidos assalariados. (73–93)

Unidade	Conflitos Operários (73–75)[1]	Conflitos operários não verbais (73–75)[3]	Atos Armados (73–76)[2]	Assalariados (DDD)
Capital Federal	48,5	46,1	17,7	29,2
Gran Buenos Aires	11,1	12,9	6,0	29,4
Gran La Plata	0,9	1,0	5,6	6,6
Subtotal	60,5	60,0	29,3	65,2
Córdoba, capital e provincia	11,6	11,0	17,1	5,0
Santa Fé, Rosário e provincia	5,5	5,2	12,5	1,8
Tucumán, capital e provincia	6,7	7,5	3,1	10,1
Resto do país	15,5	16,3	38,0	17,9
Total (%)	100,0	100,0	100,0	100,0
Total (#)	1 290[3]	869[3]	8 509[4]	716[5]

Fonte: Elaboracão e dados de Inés Izaguirre, salvo nos casos que se indicam a seguir.

Figura 8.1: Legenda da Tabela 8.3

1. Nesta coluna não se contabilizam os conflitos operários que se limitam somente a uma expressão verbal, como declarações. Os conflitos incluem até 26/03/1975.

2. Os dados de "atos armados" estão tomados da pesquisa homonima de Juan Carlos Marín.

3. Os totais de ambas colunas correspondem à mostra de conflitos operários desde 1973-1-1 até 1975-03-26 da pesquisa *Conflitos obreros desde 1969– 1979* dirigida por Inés zaguirre no Instituto de Sociologia da Universidad de Buenos aires, e que registra aproximadamente 25% dos casos destes anos. Na coluna esquerda se inclui o total de casos da amostra. Na coluna da direita restaram os conflitos registrados somente como declarações.

4. Universo dos casos registrados.

5. Amostra de 30% do total das testeminhas com informação sobre assalariados desaparecidos (2 412 casos sobre 3 600 casos com informação ocupacional). São 60% das testemunhas da APDH.

Capítulo 9

Conclusões

O GOLPE MILITAR de 1976 apresenta características diferentes dos anteriores, na medida em que buscou interferir na trama da estrutura social e não apenas atuar no sistema político para barrar os passos do peronismo. Seu objetivo era desarticular as condições sociais e materiais a partir das quais se construiu uma força popular que, ao radicalizar-se, chegou a questionar o regime e a continuidade de sua dominação.

Entre 1945 e 1969, a radicalização paulatina das lutas e a dupla frente que os operários peronistas têm vão gerando um processo de avanço nos estágios de enfrentamento. Estes, por sua vez, em alguns momentos, passam de uma consciência operária a uma consciência revolucionária, o que leva a uma estratégia de poder para o proletariado, de caráter classista, mas não corporativo – o que não quer dizer anticorporativo.

A partir de 1969, a luta de classe assume a forma de guerra, uma guerra na qual as duas forças sociais que se enfrentam o fazem, também, com armamento material. Entretanto, as armas materiais concretas que as massas portavam não explicam, sozinhas, a maneira como passaram por cima das forças repressivas convencionais – as forças armadas de poder militar e policial. As armas materiais que se encontravam em poder das massas eram, numérica e qualitativamente, suficientes. Mas não chegavam a compor o que se poderia chamar de uma "força armada de massas".[1]

1. As armas que existiam chegavam a expressar "indivíduos armados", e não uma "força armada",

Mas havia uma tendência à constituição dessa "força", visivelmente em processo embrionário. A força material original não residia no caráter material-instrumental do armamento militar utilizado, mas, sim, na sua determinação e capacidade de atuar como "força de massas", moralmente articulada.

Naquele momento é que o Exército toma consciência do nível de enfrentamento que se expressava na luta de classes, razão pela qual algumas frações entendiam ser necessário recuar estrategicamente, reformular a estratégia, já que haviam perdido o controle da situação. O movimento tático inclui a convocação de eleições a partir do Grande Acordo Nacional. O processo eleitoral havia conduzido a uma situação de trégua imprescindível na situação de crise. A trégua também levara a uma situação institucional cujo caráter constitucional obrigava as forças repressivas a camuflarem sua capacidade de manobra.

Daí a necessidade de uma política "clandestina" para sustentar as ações armadas, assim como o apoio ao terrorismo político do peronismo oficial. Durante todo esse período essa política dependeu das contradições do peronismo, do movimento de massa; e certamente da própria burguesia. Foi em relação a essas contradições que se foi criando uma territorialidade social quase própria, que lhe permitiu viabilizar de forma definitiva sua ofensiva contra-revolucionária, a partir de Março de 1976. Até esse momento esteve circunscrita à dinâmica da luta de classes, na qual podia incidir, mas não ser o fator decisivo, até o final de 1975.

Os quadros revolucionários dividiram-se na caracterização do período, enturvada pela presença do peronismo no poder do Estado, dessa maneira criaram-se condições favoráveis para que uma parte dos quadros revolucionários se distanciassem das formas precisas que assumiu a luta de classes, desenvolvendo políticas "autônomas". Seus tempos políticos foram mais acelerados que os das massas.

Durante este período – Maio de 73 a Abril de 74 – as "massas mobilizadas" e os "militantes políticos de base" recebem o peso fundamental das baixas; não só 66% do total de baixas (mortos, feridos e detidos) lhes correspondiam, como também 80% dos mortos e feridos durante esse primeiro ano.

As massas "desarmadas" são o objetivo do regime durante esse lapso. O grosso das baixas localiza-se na retaguarda do campo popular, para as quais as organizações armadas não visualizaram a necessidade de elaborar formas de autodefesa armada. As frações sociais que politicamente se sentiam convocadas às ações enfrentavam desarmadas as ações terroristas que buscavam seu aniquilamento.

que seria o caso de indivíduos que se engajam em enfrentamento formando parte de uma totalidade em ação.

O desconcerto, o desarme ideológico, a dispersão de forças, foi a resposta que se configurou em grandes setores sociais que conformavam o movimento popular, ante as sistemáticas ações hostis, legais e clandestinas.

Marín comenta:

> A decisão unânime e irreversível que havia tomado a grande burguesia financeira a respeito da execução de uma política de aniquilamento do que denominava "subversão", não foi clara e totalmente compreendida pelas diferentes frações sociais e políticas que configuravam o movimento de massas, nem por seus quadros intelectuais, políticos e gremiales. Esses em sua grande maioria não se sentiram isolados da denominação de "delinquentes subversivos". De feito não era compreendida a caracterização social e política que o regime tinha das condições da situação argentina: a considerava uma situação revolucionária. Comportava-se com a convicção de que sua situação era de guerra, o campo popular, em mudança, se fraturava tentando alcançar imagens virtuais do poder segundo fora a situação social de cada fração, como se o país pudesse por sua vez se fraturar em tantos territórios como frações sociais que conflitavam pelo poder. (Marín 1984, p. 148)

O que o campo popular não compreendia é que a política do regime não se reduzia a uma estratégia militar, mas que correspondia a uma *política militar* (Marín 1984, p. 149). Se tratava da *condução política da unidade burguesa, em condições de guerra*. O caráter dessa guerra, na percepção da burguesia, coincidia com a frontalidade implícita no desenvolvimento da luta de classes. Por isso sua decisão foi firme ante tudo o que era subversivo: aniquilou sem vacilar mas com prudência, dada as condições do país. Porque nisso, arriscava sua existência.

Em "Ezeiza" havia sido possível observar o grau de importância que teve o desarme político de muitos dos quadros revolucionários, que os levou à incapacidade de assumir a iniciativa nos enfrentamentos, e a responder com um recuo de suas forças ante a decidida ação dos quadros armados do peronismo oficial. Por outro lado, diante de um ato de massas de tamanha magnitude – não menos de dois milhões de pessoas –, algumas organizações revolucionárias não peronistas, se declararam neutros, por considerar um conflito interno do peronismo.

No "navarrazo" repete-se de forma ampliada, mas com maior dramatismo político e a mesma neutralidade das organizações revolucionárias ante atos que se inscreviam no desenvolvimento específico e concreto que tomava a luta de classes, e onde o peronismo, no governo, voltava a tomar a iniciativa.

Na prática, as ações foram gestando uma aliança política entre os partidários do regime e o governo; os dois combatiam as diferentes frações revolucionárias do movimento de massas. Apesar disso, as frações revolucionárias não conseguiam unificar suas políticas, ao mesmo tempo em que se distanciavam cada vez mais dos processos específicos em que se desenvolveu a luta da classe operária em relação ao regime e ao governo.

A derrota militar foi uma consequência da derrota moral. A política militar que utilizou a unidade burguesa foi a ação de um trabalho político e de inteligência que organizou e dirigiu a capacidade do terror repressivo, o que de pronto criou as condições de realização do genocídio.

Não foi o desenvolvimento expressivo de combates militares o que o regime utilizou, foi uma força central de guerra, na qual a tarefa inicial central se expressou no desenvolvimento de atividades terroristas e repressivas para conseguir o isolamento de um setor político, e finalmente seu aniquilamento físico.

Por isso a preocupação fundamental do regime era encontrar uma estratégia que lhe permitisse o desarmamento do movimento de massas, nesse estado então embrionário. Sabia que os atos armados realizados pelas organizações armadas não buscavam o enfrentamento, nem a medição de forças, mas fundamentalmente a criação de uma força armada de massas. Por outro lado, no campo do inimigo, outros eram os critérios de medição. Os mortos, os feridos, os desaparecidos, os sequestrados, os detidos, os prisioneiros, essa vasta trama possível de articulação dos corpos constituía as formas de personificação contável do poder do regime; um poder que adquiria desses corpos sua realidade em termos de dimensão, suas magnitudes necessárias.

BIBLIOGRAFIA

Actas del Segundo Congreso Ordinario (1943). Bs.As. Confederacion General del Trabajo.

Aufrang, Lidia (1989). *Las puebladas. Dos casos de protesta social. Cipoletti y Casilda*. Buenos Aires: Centro Editor de América Latina, Biblioteca política, Vol 252.

Balvé, Beba e Beatriz Balvé (1989). *El 69. Huelga política de masas. Rosariazo-Cordobazo-Rosariazo*. Buenos Aires: Ed. Contrapunto.

Balvé, Beba, Miguel Murmis et al. (1973). *Lucha de calles, Lucha de clases*. Buenos Aires: Editora La Rosa Blindada.

Belloni, Alberto (1926). *Peronismo y socialismo nacional*. Buenos Aires.

Bermudez, Eduardo (1985). "Cuadernos de CICSO". Em: *La disputa por un territorio: los partidos del Gran Buenos Aires*. Vol. 53.

Bonasso, Miguel (1994). *Recuerdos de la Muerte*. Buenos Aires: Planeta.

Borlenghi, Angel (13 de jul. de 1945). Em: *Diario La Prensa*.

Braschetti, Roberto, ed. (1988). *Documentos de la Resistencia Peronista 1955–1970*. Buenos Aires: Puntosur.

Braun, Oscar (1973). *El capitalismo argentino en crisis*. Buenos Aires: Siglo XXI.

Campora, Hector (1975). *Com cumpli el Mandato de Perón*. Argentina: Ediciones Quehacer Nacional.

Ciria, Alberto (1974). *Perón y el Justicialismo*, Buenos Aires: Siglo XXI.

Cooke, John William (1971). *La lucha por la liberación nacional*. Buenos Aires: Ed. Papiro.

— (1972). *Peronismo e integración*, Buenos Aires: Ed. Aquarius.

— (1973). *Peronismo crítico: apuntes para la militancia*. Buenos Aires: Ed. Schapire.

— (1984). *Correspondencia*. Buenos Aires: Ed. Parlamento.

Crenzel, Emilio (1991). *El Tucumanazo (1969-1974)*. Vol. 1. Buenos Aires: Centro Editor de América Latina, Biblioteca política, Volumenes 312/313.

Desaparição de Pessoas, Comissão Nacional de (1992). *Nunca Más*. 17ª ed. Buenos Aires: Editorial Eudeba.

Dominguez, Nelson (1977). *Conversaciones com J.J. Taccone*. Hachette.

Engels, Federico (1974). "Temas militares". Em: Marx, Karl. *La lucha de calles en Francia de 1848 a 1850*. Buenos Aires: Editora Cartago.

Ferrer, Aldo (1977). *Crisis y Alternativas de la política económica argentina*. 1977: Fondo de Cultura Económica.

— (1988). *La Economía argentina*. Buenos Aires: Fondo de Cultura Económica.

Foucault, Michael (1985). *Vigiar e Punir*. Mexico: Siglo XXI Editores.

— (1987a). *História de la Sexualidad*. Vol. 1: *La voluntad del saber*. Mexico: Siglo XXI.

— (1987b). *Orden del discurso*. Espanha: Trutsquets Editores.

— (2017). *La verdad y las formas jurídicas*. Gedisa.

General Roberto Viola, Chefe de Estado Maior Conjunto (20 de abr. de 1977). *Conferência de imprensa*. No periódico *La Nacion*. Sublinhado por Ines Izaguirre.

Germani, Gino (1962). *Política y Sociedade en una época de transición*. Buenos Aires.

Gillespie, Richard (1988). *J. W. Cooke. El peronismo alternativo*. Buenos Aires: Cántaro.

Horowicz, Alejandro (1990). *Los cuarto peronismos. Historia de una metamorfosis trágica*. Buenos Aires: Editorial Planeta.

Horowicz, Joel (1988). *Impacto de las formaciones sindicales en la formación del sindicalismo peronista*. Compilado por Juan Carlos Torre. Buenos Aires: Legasa.

Izaguirre, Inés (s.d.). *Ruptura de relaciones sociales: una consecuencia de la guerra antisubversiva en la Argentina*. Mimeo, Instituto de Sociologia.

Jacoby, Robert (1986). *El Asalto al Cielo*. Buenos Aires: CICSO.

James, Daniel (1990). *Resistencia e Integración. El peronismo y la clase trabajadora Argentina 1946-1976*. Buenos Aires: Sudamericana.

Jansen, Ignacio Gonzalez (1986). *La Triple A*. Buenos Aires: Editorial Contrapunto.

Khavisse, Miguel, Daniel Azpiazu e Enrique Basualdo (1986). *El nuevo Poder Económico*. Buenos Aires: Hyspamérica.

La Nacion (24 de set. de 1955).

La Nacion (26 de set. de 1955).

La Opinión (30 de jun. de 1971).

Lanusse, Alejandro (1977). *Mi testimonio*. Buenos Aires: Laserre Editores.

Lenin, Vladimir Ilich (s.d.). *Qué hacer?, Tomo 5 Obras Completas*. Cuba: Ed. Akal.

— (1960). *La Bancarrota de la II Internacional*. Obras Completas. Vol. Tomo XXI. Buenos Aires.

Leuco, Alfredo e José Antonio Diaz (1987). Buenos Aires: Ed. Sudamericana.

Luna, Felix (1969). *El 45*. Buenos Aires.

Marín, Juan Carlos (1981). "La noción de polaridad en los procesos de formación de poder". Em: *Cuadernos de Cicso*. Vol. 8. Buenos Aires: CICSO.

— (1984). *Los hechos armados. Un ejercicio posible*. Buenos Aires: CICSO.

Marotta, Sebastián (1961). *Argentina 1930-1960*. Buenos Aires: Editora Sur.

Murmis, Miguel e Juan Carlos Portantiero (1987). *Estudios sobre los orígenes del peronismo*. primeira edição 1971. Buenos Aires: Siglo XXI Editores.

Nacional, Poder Ejecutivo (1973). *Plan Trienal para la Reconstrucción y la Liberación Nacional. 1974–1977*. Rel. técn. Republica Argentina.

Narvaja, Aurelio (1985). "La capitulacion de los socialistas y stalinistas ante el imperialismo explica el apoyo obrero a Perón". Em: *Cuarenta añoes de peronismo*. Buenos Aires: Ediciones del Mar Dulce.

O'Donnel, Guillermo (1982). *El Estado Burocrático Autoritario*. Buenos Aires: Editora Belgrano.

Palacios, Hector (1993). *Historia del movimiento obrero, Tomos 1, 2, e 3*. Buneos Aires: Impresiones Avellaneda.

Perelman, Angel (1985). "Como hicimos el 17 de octubre". Em: *Cuarenta Años de Peronismo*. Buenos Aires: Ediciones del Mar Dulce.

Peron, Juan Domingo (22 de nov. de 1957). "Carta a John William Cooke". Caracas.

— (1973). *Conducción política*. Buenos Aires: Ediciones de la Recontrucción.

— (1988). "Directivas generales para todos los peronistas". Em: *Documentos de la Resistenca Peronista 1955–1970*. Ed. por Roberto Braschetti. Ed. por Puntosur Editores. Buenos Aires.

Puiggrós, Rodolfo (1988). *El peronismo: sus causas*. Buenos Aires: Puntosur Editores.

Ramos, Jorge Abelardo (s.d.). *De octubre a Septiembre*. Buenos Aires.

Ramos, Monica Peralta (1972). *Etapas de acumulación y alianzas de clase en la Argentina, 1930-1970*. Buenos Aires: Siglo XXI.

Riz, Liliana De (1981). *Retorno y Derumbe: el ultimo gobierno peronista*. Folios Ediciones.

Sabato, Jorge (1988). *La clase dominante en la Argentina Moderna. Formación y características*. Buenos Aires: CISEA.

Santucho, M.R. (1973). *Introducción a las resoluciones de PRT*. Buenos Aires: Ed. El Combatiente.

Seoane, Maria (1991). *Todo o Nada*. Buenos Aires: Editora Planeta.

Tosco, Agustin (1988). "Escritos y Discursos". Em: *Selección de trabajos*. Ed. por Adriana Amantea Jorge Lannot e Eduardo Sguiglia. Buenos Aires: Editorial Contrapunto.

Tzu, Sun (1989). *El arte de la guerra*. Buenos Aires: Ed. Fraterna.

Vervitsky, Horacio (1986). *Ezeiza*. Buenos Aires: Editora Contrapunto.

Vigo, Juan M. (1973). *La vida por Perón. Crónicas de la Resistencia*. Buenos Aires.

Waldman, Peter (1988). *El peronismo 1943-1955*. Buenos Aires: Hyspamérica.

Detalhes sobre tipografia

Esta obra foi editada em software livre (como Vim e LaTeX). O corpo do texto foi composto na fonte IM Fell DW Pica (e eventualmente na IM Fell DW Pica SC), e os cabeçalhos em EB Garamond. As fontes podem ser encontradas, respectivamente, nas URLs

```
https://fonts.google.com/specimen/IM+Fell+DW+Pica
https://fonts.google.com/specimen/IM+Fell+DW+Pica+SC
https://fonts.google.com/specimen/EB+Garamond
```

sob a Open Font License.